HERDERS GROSSES

BILDER LEXIKON

HERDERS GROSSES

BILDER LEXIKON

MIT MEHR ALS 1000 FARBBILDERN VON ROBERT ANDRÉ

HERDER

FREIBURG · BASEL · WIEN

Inhalt

Vom täglichen Leben

Über Land und Meer

Aus der Welt der Vorzeit

Aus der Welt der Pflanzen

Vom Leben der Tiere

Aus der Welt von morgen

www.herder.de

Illustrationen: Robert André
Redaktion und Text: Georg Telemann
Umschlaggestaltung: Sandra Hacke, Dachau
Herstellung: Grafisches Centrum Cuno GmbH & Co. KG, Calbe (Saale)

Gedruckt auf umweltfreundlichem, chlorfrei gebleichtem Papier
Printed in Germany

ISBN 978-3-451-71495-5

Vom täglichen Leben

Jeder Tag ist wie der Anfang einer Reise.
Wir sind jedesmal gespannt und neugierig,
denn unsere Welt ist voller Rätsel und Überraschungen.
In den Bildern dieses Buches machen wir eine Entdeckungsreise.
Mit Hilfe der Fantasie tauchen wir in die Vergangenheit
und fliegen in die Zukunft; wie in einem Düsenflugzeug umkreisen wir die ganze Erde.
Hier sehen wir, wie Menschen leben und wohnen, wie es in anderen Ländern aussieht und zugeht,
wie Menschen arbeiten, wie sie Hilfe brauchen und erhalten,
was ihnen Freude macht und wie Kinder spielen.

Vom täglichen Leben

Haus
1 Dorf der Pueblo-Indianer in Neu-Mexiko mit übereinander getürmten Wohnungen, unmittelbar darüber tunesische gemauerte Häuser (Gaufas) **2** Beduinenzelt in Arabien, errichtet aus Tüchern und Stangen: ein luftiger Sonnenschutz **3** Hütte in Afrika aus Stämmen, Ästen und Zweigen, gedeckt mit Blättern **4** Gehöft der Musgu, zuckerhutförmig, errichtet aus gerilltem Lehm **5** Trulli: eine vorgeschichtliche Hausform, die es heute noch in Apulien gibt. Es sind fensterlose Rundbauten mit Kegeldach und weiß gekalkten Wänden **6** Gebäude der Kirdi:

auf einem Unterbau aus Steinquadern errichten sie ein rundes Haus mit spitz zulaufendem Dach, aus Zweigen geflochten **7** Toba-Batak-Häuser in Porsa auf Sumatra **8** Stark und fest werden auf den sturmgepeitschten Färöer-Inseln die Häuser aus Holz und Stein errichtet **9** Ein Baumhaus urtümlich lebender Indianer in Brasilien **10** Ein Baumhaus für Kinder zum Spielen **11** Wohnanlage in einer europäischen Stadt an einer Spielstraße; Autos sind hier verboten, das Haus hat vier Geschosse, von unten bis oben gibt es viel Pflanzen und offene Balkone. ➡ Haus S. 215

Burg

Eine Burg war im Mittelalter der Wohnsitz eines Adeligen und in Kriegszeiten ein Zufluchtsort bei Gefahren. Daher errichtete man sie an einem schwer zugänglichen Ort, eine hohe Ringmauer umgab sie auf allen Seiten. Dahinter standen die verschiedenen Gebäude: der Palas mit dem Rittersaal und kleineren Gemächern (Kemenaten), Ställe und Werkstätten für die Handwerker; außerdem gab es einen oder mehrere Höfe, kleine Gärten und den tiefen Brunnen. Jede Burg hatte eine Burgkapelle für den Gottesdienst. Der mächtige Turm, der alles überragte, war der

Bergfried; er war oft unbewohnt und diente im Notfall als letzte Zuflucht. Den Zugang sicherte das Torgebäude mit Fallgitter und einer Brücke, die sich hochziehen ließ: dann kam nicht einmal eine Maus in die Burg.
Viele Städte sind an Orten entstanden, wo früher Fluchtburgen waren; dann blieb die Bezeichnung der Burg im Ortsnamen wie etwa bei Würzburg. Andere Orte wuchsen rings um eine Burg herum und später entstand daraus eine Stadt: so war es bei Magdeburg. – Die meisten Burgen sind im Lauf der Jahrhunderte zerstört worden, manche aber sind noch bewohnt oder zu besichtigen. ➡ Burg S. 211

Häuser in aller Welt
1 Häuser in der Südsee, auf Pfählen errichtet, mit Palmwänden und Palmfaserdächern **2** Ein Iglu, das Rundhaus der Eskimos, aus Schneeplatten gebaut **3** Höhlenhäuser in der Wüste, aus Felswänden herausgemeißelt **4** Hausboot in China. Oft sind solche Dschunken die Wohnung der Armen **5** Papierhaus in Japan. Wegen der häufigen Erdbeben errichtete man leichte Häuser, die ihre Bewohner bei Gefahr nicht unter sich begruben. **6** Solche Holzhäuser in Indonesien bieten mit ihren steilen Dächern Schutz bei Stürmen und heftigen Regenfällen **7** In Zelten,

7

8

9

10

11

12

rasch abzubauen und anderswo wieder aufzubauen, folgten die Indianer den Herden, von denen sie lebten **8** Bauernhof in Europa: solche Häuser mit Fachwerkwänden finden wir oft in der norddeutschen Tiefebene **9** Ein luftiges Holzhaus in den heißen Südstaaten der USA **10** Auf allen Kontinenten werden in den großen Weltstädten jedes Jahr größere Hochhäuser errichtet, Türme mit Arbeitsplätzen: jedes Haus wie eine kleine Stadt **11** Wohnwagen: Heimat fahrender Zirkuskünstler **12** Wohnmobil: ein Haus auf Rädern, vor allem in den Ferien für Familien mit Kindern. ➡ Haus S. 215

Alte Hafenstadt

Eine Stadt in der alten Zeit hatte verschiedene Aufgaben. Sie bot ihren Bürgern vor allem durch die Mauern Schutz vor Angriffen. Diese Stadt am Meer hat außer den Mauern zum Land hin auch noch tiefe Wassergräben und die wichtigen Eingänge sind durch befestigte Stadttore bewacht und gesichert. So können die Bewohner friedlich ihren Tätigkeiten nachgehen. Viele sind Handwerker und arbeiten vielleicht am Bau des Schiffes mit, das gerade entsteht. Fischer fahren mit ihren Booten hinaus auf das Meer. Andere sind

Kaufleute und holen Waren aus dem Landesinneren oder Lebensmittel vom nahe gelegenen Dorf. Diese Waren werden in der Stadt verkauft oder auf eines der Schiffe gebracht, das übers Meer zu anderen Städten und Ländern fährt. Im geschützten Hafen finden die Schiffe bei Sturm oder anderen Gefahren einen sicheren Ankerplatz. So gibt es viele Menschen, die in den Häusern und auf den Straßen der alten Stadt leben, miteinander sprechen, arbeiten und feiern.

➡ Hafen S. 214, Stadt 229

Stadt und Kraftwerk
Naturkräfte sind unerschöpfliche Energiequellen. Die Wasserkraft gehört dazu. Sie wird vor allem genutzt um Elektrizität zu gewinnen. Hoch in den Bergen *(linke Seite)* wird im Stausee Wasser hinter der Staumauer gespeichert und dann in unterirdischen Rohren zu den Turbinen geführt: die Energie des herabstürzenden Wassers wird vom Generator in elektrische Energie umgewandelt. Der Strom fließt in Hochspannungsleitungen zur Stadt. Dort treibt er Maschinen an oder beleuchtet in Lampen Häuser und Straßen. Beim Flussstauwerk

(rechte Seite) wird die Energie des fließenden Wassers genutzt. Dabei steht das Maschinenhaus im Fluß. In der Stadt arbeiten und wohnen viele Menschen. Weil es wenig Platz gibt, werden die Häuser eng nebeneinander und immer höher gebaut. Man kann zu Land, zu Wasser oder durch die Luft in die Stadt kommen. Züge fahren zum Bahnhof; Autobahnen kommen zur Stadt, gehen vorbei und wieder hinaus. Draußen an der Küste ist der Hafen: da laden die Schiffe Waren aus und nehmen neue Waren mit. Daneben ist der Flugplatz mit Start- und Landebahnen. ➡ Stadt S. 230

Erdöl

Vor Millionen Jahren entstand Erdöl aus den Überresten von Tieren und Pflanzen. Wie wird es gefunden, gefördert, transportiert, verarbeitet? **1** Bodenprüfung. Links mobiles Bohrgerät, rechts Messwagen, in der Mitte die Sprengung, umgeben von Druckwellen: sie zeigen, ob hier ein Öllager ist **2** Ein Feld von Ölbohrtürmen **3** Pipelines: Ölleitungen transportieren Rohöl zum Hafen, dort wird es von Tankern übernommen **4** Bohrturm. Tief unter ihm in der Erde das Öllager. Öl steigt empor **5** Bohrgeräte: Rollenmeißel (oben), Bohrkern **6** Tiefpumpe **7** Öltanker: ein Super-

tanker von 350 m Länge kann 250000 Tonnen Rohöl transportieren **8** Raffinerie. Hier wird Rohöl verarbeitet. Links außen Kugelbehälter für Flüssiggas (Butan, Propan), rechts Öltanks **9** Tankstelle. *Rechte Seite:* Eine Ölbohrinsel im Meer. Sie wurde an Land hergestellt und dann hinausgeschleppt und festgemacht. Wir sehen das Dach als Landeplatz für Hubschrauber sowie Unterkünfte für die Besatzung; den Bohrturm, unter ihm Bohrschächte sowie Tanks mit gelagertem Rohöl – einer ist (nur für das Bild) aufgeschnitten. Von dort wird das Öl in Verbindungsleitungen an Land oder zu Tanker-Ladebojen gepumpt. ➡ Erdöl S. 212

1

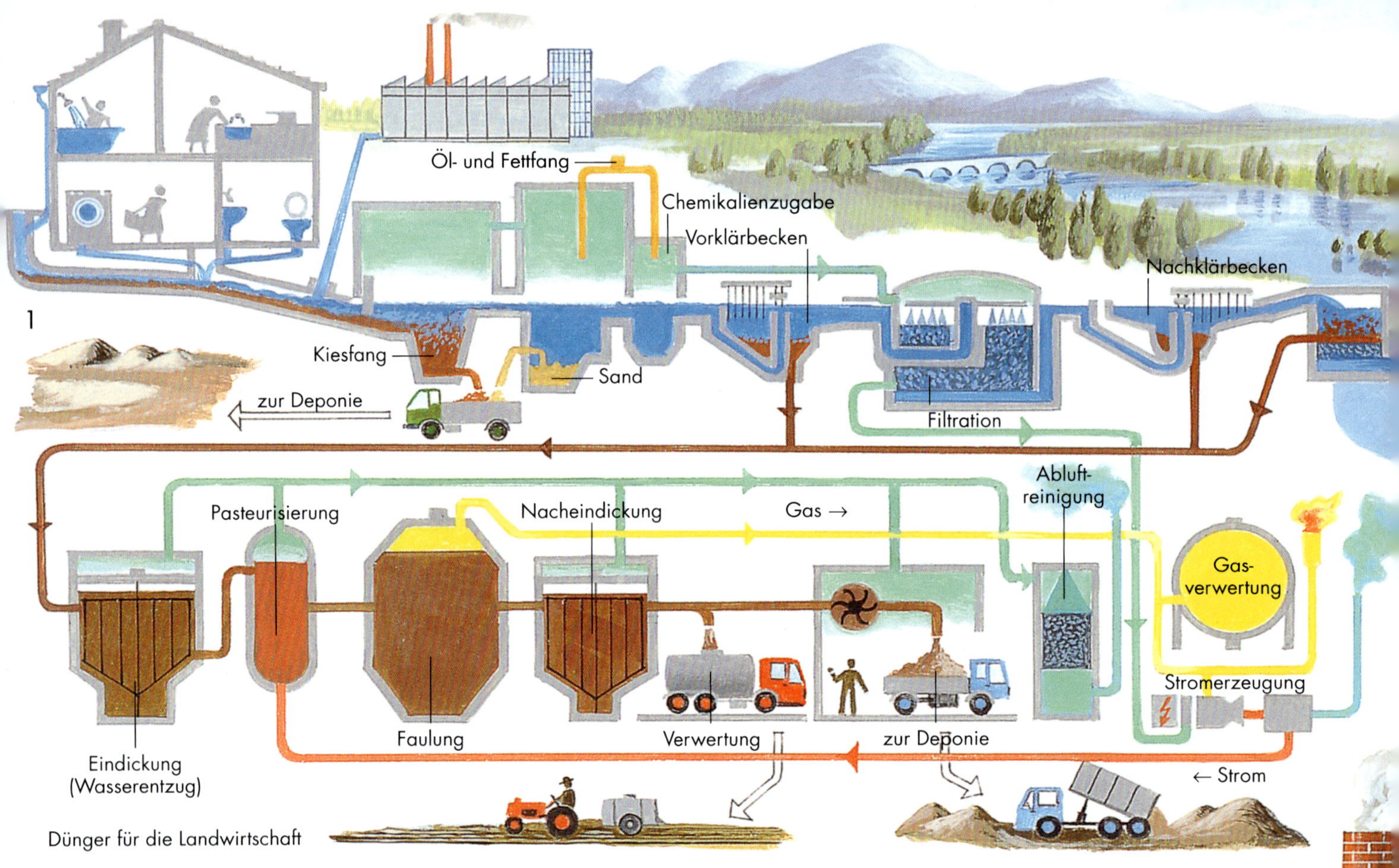

2

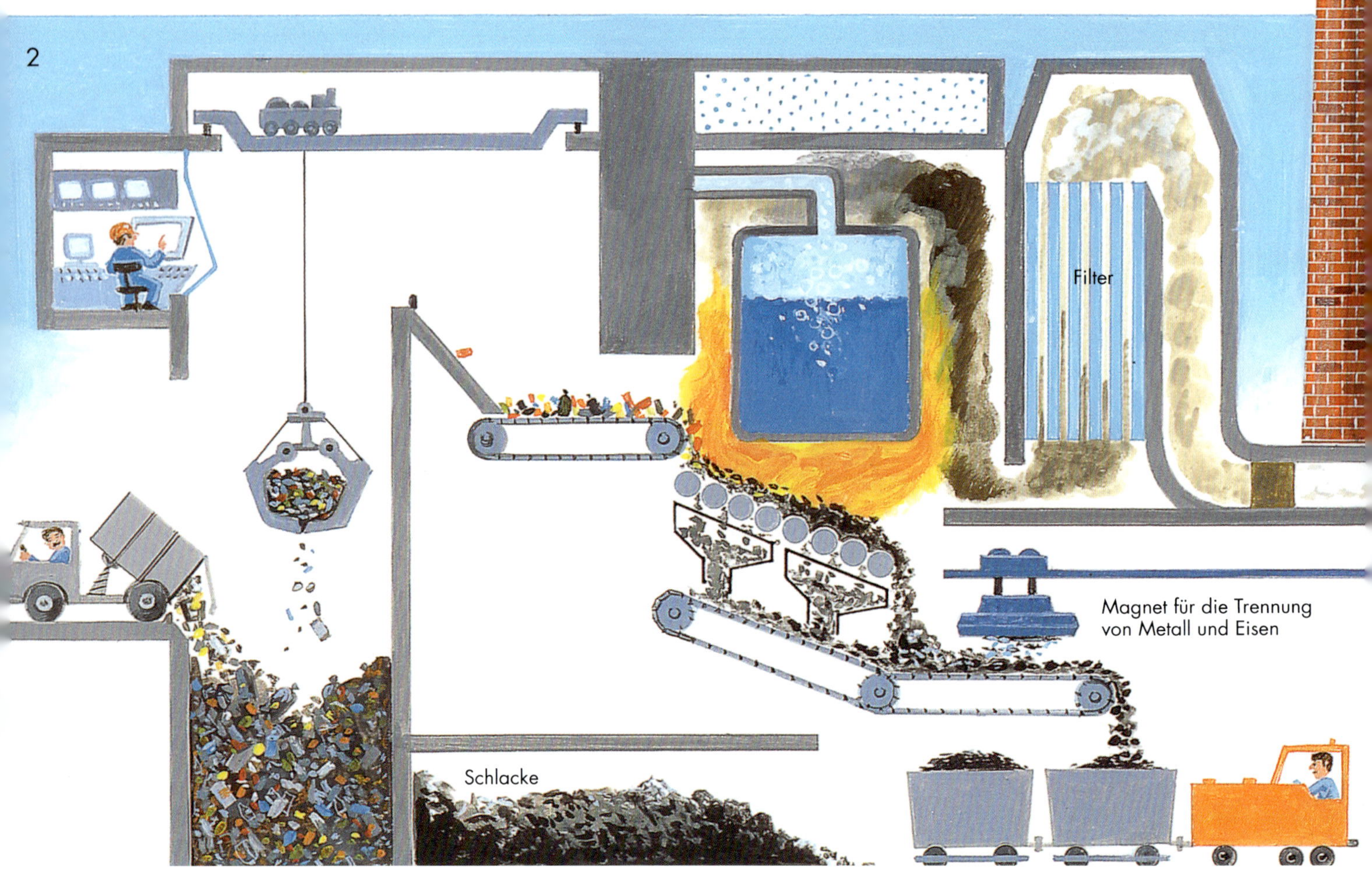

Umweltschutz

1 Kläranlage. Wasser zum Trinken und zum Gebrauch erhalten wir aus Quellen, Flüssen oder Seen. Wenn es im Haushalt oder in der Industrie verunreinigt wurde, wird es als Abwasser zur Kläranlage geleitet und dort gesäubert, denn verschmutztes Wasser, das in den Boden oder in die Flüsse und das Meer gelangt, kann tierisches und pflanzliches Leben vernichten

2 Müllverbrennung ist eine gute Möglichkeit Abfälle zu beseitigen, denn es bleiben nur wenig Reste übrig. Man darf dabei aber keine giftigen Rückstände in die Luft blasen und es wird viel Energie gebraucht

3

4

5

6

7

3 Müllhalde. Die Ablagerung von Müll auf der Deponie ist am meisten verbreitet. Sie braucht viel Platz und muss so angelegt sein, dass keine Gifte in die Erde und in das Grundwasser gelangen können **4, 5** Verwertbares Material wird gesammelt und wieder verwendet: Glas, Plastik, Metall, Papier. Flaschen werden in Behältern nach Farbe getrennt **6** Kompostieren ist eine gute Sache, wenn man beim Haus oder im Garten einen Platz dafür hat **7** Wer ein altes Fahrrad oder Getränkedosen ins Wasser wirft, macht es sich zu leicht und anderen schwer: sie müssen Ufer und Bäche säubern. ➨ Umweltschutz S. 233

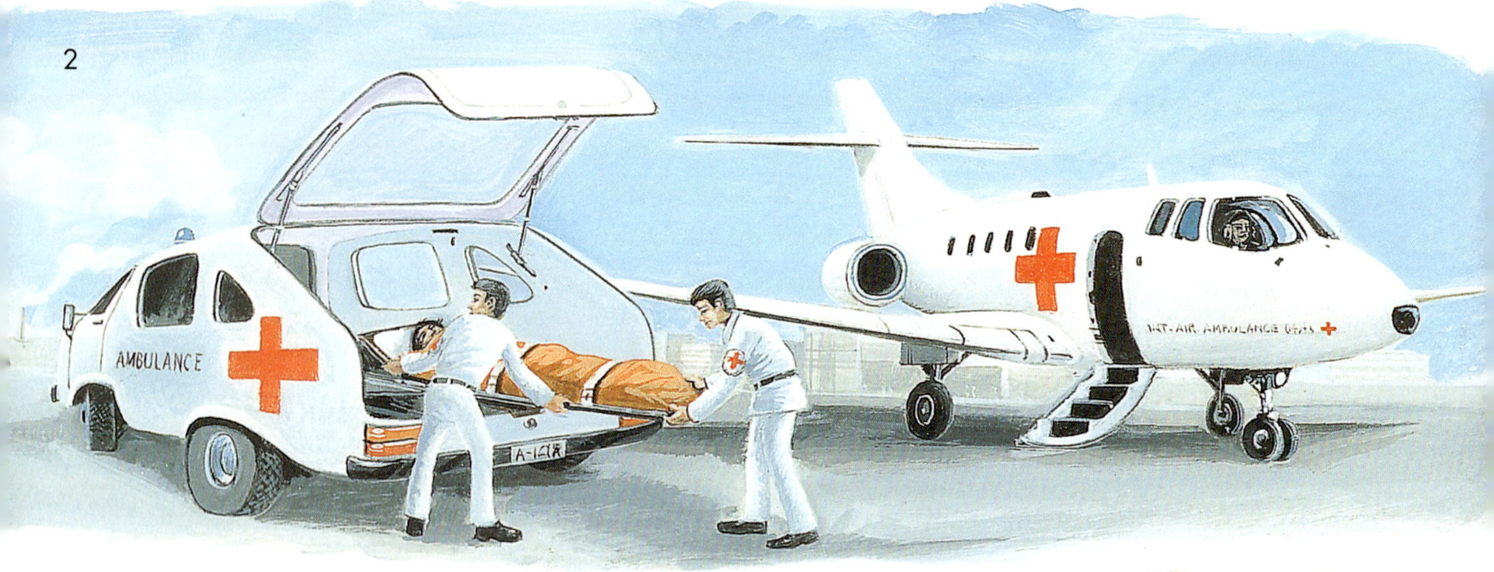

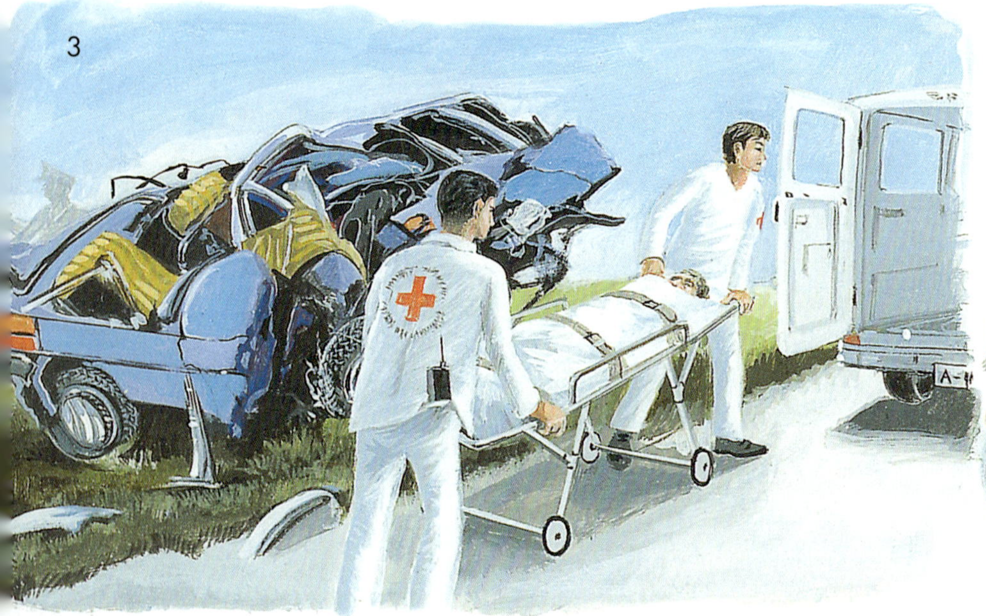

Rettung

Immer und überall kommen Menschen in Lebensgefahr; zum Glück setzen andere Menschen ihr eigenes Leben ein, um zu helfen und sie zu retten. **1** Bergnot. In hohen Bergen wie den Alpen gibt es oft Menschen, die sich überschätzen: als Bergsteiger oder als Skiläufer. Sie verunglücken: ein Hubschrauber ist der beste Weg, um sie rasch und sicher abzuholen **2** Krankenwagen und Rettungsflugzeuge bringen Menschen nach einem Unfall rasch und zuverlässig zum Arzt **3** Auto-Unfall. Die meisten Unfälle ereignen sich

heute auf der Straße; Sanitäter, Feuerwehr und andere Retter müssen jederzeit zur Hilfe bereit sein **4** Chemie-Unfall. Ein Transportfahrzeug mit giftiger Ladung war in einen Unfall verwickelt. Männer in Schutzkleidung beseitigen die Reste **5** Waldbrände entstehen überall in der Welt immer wieder. Feuerwehrleute und Löschflugzeuge müssen die Brände unter Lebensgefahr eindämmen und löschen **6** Bei einem Brand in der Stadt bekämpfen die Löschmannschaften das Feuer.

Arbeit
Heute leisten wenige Menschen die gleiche Arbeit, für die früher viele Menschen schwer schaffen mussten. Auf der linken Seite sehen wir alte Handarbeit, auf der rechten moderne Maschinenarbeit **1** Unzählige Arbeiter an den **2** ägyptischen Pyramiden mussten die gewaltigen Quadersteine schieben und ziehen, bis ein Stein nach dem andern am Platz war. Heute kann in einem Baukran **(12)** ein Mann allein die größten Lasten bewegen **3** Wenn früher ein Wall errichtet wurde, mussten viele Menschen tagelang, jahrelang die Erde in Eimern und Körben schleppen;

ein einziger Räumbagger **(10)** zusammen mit einem Lastwagen **(9)** oder die gelenkigen Schaufelbagger **(7, 8, 13)** leisten heute das Gleiche in kurzer Zeit **4** Die Baumstämme, die ein Elefantentreiber in Indien mit seinem Arbeitselefanten bewegte, sind für einen Raupenschlepper **(11)** ein Kinderspiel

5 Während früher eine Kette von Menschen eine Last von Hand zu Hand weitergehen ließ, macht das heute ein Förderband **(15)** mühelos **6** Der Flaschenzug ist heute durch Kräne **(12)** fast überflüssig geworden **14** Das Gelände wird vermessen. ➨Arbeit S. 209

1

2

3

4

5

6

Berufe

Urtümliche Berufe: **1** Der Bauer. Ein Bild wie aus alten Zeiten: Er führt den Pflug, den der Ochse zieht; das uralte Ackergerät lockert, mischt und wendet den Boden **2** Der Schäfer und seine Herde; hier in Australien ist der Hirte zu Pferd

3 Der Jäger. Mit Pfeil und Bogen ging er einst auf die Jagd **4** Fischfang, heute wie früher harte Männerarbeit **5** Flößer transportieren die größten Baumstämme auf Wasserstraßen **6** Gauchos leben als Hirten mit ihren Pferden in der Pampa von Argentinien.

7

8

9

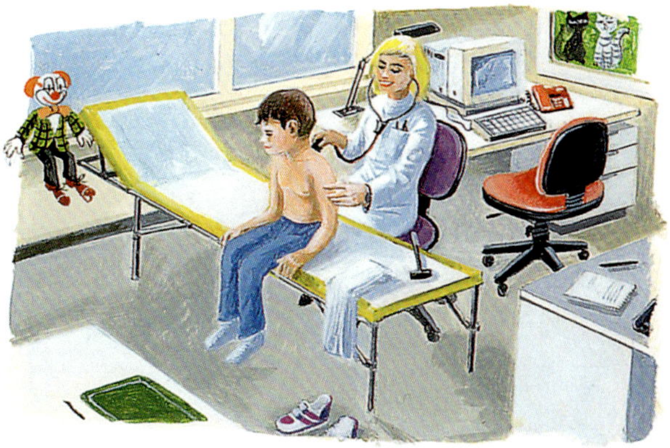

10

11

12

Berufe von heute: **7** Schwere Arbeit am Bau leisten heute oft Maschinen, doch bleibt für Menschen noch genug zu tun: hier der Fassadenmaler
8 Entwürfe und Berechnungen für Häuser oder andere Bauwerke erarbeiten Architekten in ihren Büros
9 Nachrichten werden, oft mit Hilfe von Satelliten, gedankenschnell übermittelt, mit Telefon oder Faxgerät **10** Helfen und heilen will die Kinderärztin
11 Viele moderne Berufe sind Dienstleistungen für andere wie bei Bedienung oder Kellner
12 Der Baggerführer braucht Augenmaß und geschickte Hände. ➡ Arbeit S. 209

Transport

1 Eine einfache, sehr alte Arbeitshilfe: die Last wird auf Rollen gelegt und so weitergezogen
2 Altägyptischer Arbeitsschlitten, womit Statuen und Quader für den Bau der Pyramiden bewegt werden konnten; die Reibungshitze wurde mit Wasser vermindert **3** Ein Maultier als Lastträger **4** Pferdebahn um 1900 in einer europäischen Großstadt
5 Tragestange in China **6** Fahnenträger
7 Holländische Wasserträgerin; es ist eine besondere Kunst, die beiden Eimer im Gleichgewicht zu halten
8 Trageschlitten für Weinfässer **9** Müllersknecht mit

Mehlsack **10** Fassträger **11** Schubkarren **12** Kipplastkraftwagen **13** Lastkamele in der Wüstenkarawane **14** Gabelstapler in einem modernen Industriebetrieb **15** Junger Wasserverkäufer in Südamerika **16** Ein Briefbote zu Pferd aus alter Zeit **17** Eleganter indischer Reise-Elefant **18** Ein Reit-Yak in Bolivien

19 Eine von Pferden getragene Sänfte, wie sie früher in China üblich war **20** Rücken-Tragebrett in Mexiko **21** Wasserträgerin in Afrika **22** Rikscha in Ostasien **23** „Prärieschoner" im Wilden Westen **24** Kofferkuli **25** Handkarren **26** Möbeltransporter ➡ Auto S. 209, Eisenbahn S. 211

Sport und Spaß

Spiel, Sport und Spaß gehören so gut wie die Arbeit zu unserem Leben. Das Bild zeigt einige der vielen Möglichkeiten, wie Menschen überall in der Welt, allein oder zusammen mit andern, in der Familie oder im Sportverein, sich zu ihrem Vergnügen betätigen. Alle Menschen sollten in der Freizeit passende Tätigkeiten ausüben, wo sie ihre Körperkräfte wirklich einsetzen müssen; das hält Körper und Seele gesund. Höchstleistungen um jeden Preis, Wettkämpfe mit übermäßigen Anforderungen und Sport als

Beruf können allerdings Schäden an der Gesundheit verursachen.
1 Judo **2** Fußballspiel **3** Skateboard fahren
4 Baseball **5** Eishockey **6** Schwimmen **7** Skilauf
8 Wildwasserfahren **9** Reiten **10** Wassersurfen
11 Kanu fahren **12** Golfsport **13** Tennisspiel
14 Rodeln **15** Bocciaspiel **16** Rad wandern
17 Basketball **18** Ballonfahrt und Filmaufnahmen
19 Gleitflug **20** Fechten **21** Ballett tanzen
22 Spazieren gehen, Tiere halten **23** Rudersport
24 Abfahrtslauf.
➡ Sport S. 229

1

2

3

4

Markt

Auf einem Marktplatz kommen viele Menschen zusammen. Die einen bieten Dinge an, die sie durch Arbeit erzeugt oder die sie besorgt haben; andere kommen zum Kaufen; und manche wollen sich einfach nur umsehen und sich unterhalten.

1 In unseren Städten gibt es vor allem den Wochenmarkt mit Lebensmitteln: oft bieten die Bauern der Umgebung Gemüse und Früchte an, die sie selbst angepflanzt und die sie gerade geerntet haben **2** Flohmarkt macht Spaß! Da gibt es die tollsten Sachen zu verkaufen und zu finden

5

6

7

8

9

3 Wurst, Fleisch, Fisch: hier immer ganz frisch! **4** Blumenmarkt: die meisten Blumen, die verkauft werden, kommen heute nicht aus dem Garten, sondern aus dem Treibhaus und oft von weither **5** Zum Kamelmarkt in Nordafrika ist den Händlern und den Käufern kein Weg zu mühsam

6 Auf chinesischen Flüssen bringen viele im Boot, was sie verkaufen wollen **7** Menschen, Farben, Gerüche, Rufe: Markt mitten in einer afrikanischen Stadt **8** Ein Stand mit Gemüse und Früchten in Indonesien **9** Einkauf im Supermarkt.

➡ Markt S. 221

Zirkus

Ein Besuch im Zirkus ist immer ein Fest! Fröhlich und voll Erwartung strömen die Menschen zum hohen Zelt und setzen sich im Kreis rings um die Manege. Laut spielt die Kapelle und dann treten die vielen verschiedenen Künstler auf. Lustig angezogene und angemalte Clowns machen ihre Späße, einer läuft auf den Händen (oder hat er an die Füße weiße Handschuhe angezogen?), zwei machen Musik, einer erzählt lustige Geschichten, andere wirbeln Bälle oder halten ein Fass schräg auf dem Kopf. Und alles sieht aus, als wäre es einfach und leicht.

Eine Frau lässt Ringe tanzen, eine andere fährt Rad auf Stelzen, und wieder eine andere bewegt sich auf dem dünnen, hohen Seil so leicht wie eine Feder.
Andere Zirkusleute arbeiten mit Tieren: die schweren Elefanten bewegen sich rasch und locker, Pferde tanzen gemeinsam, ein Hund springt durch den runden Reif und noch einer und noch einer; ein Seelöwe fängt Bälle mit der Nase.
Da ist immer etwas Neues, Spannendes, Lustiges los! ➡ Zirkus S. 236

Kinderspiele

Auf Wegen und Wiesen tut sich was; Kinder, kommt zu Spiel und Spaß!
1 Luftballon, flieg nicht davon! **2** Verstecken: eins, zwei, drei – wo bin ich? **3** Ball spielen macht Spaß **4** Drachen im Wind, sie fliegen geschwind **5** Federball geht überall **6** Pfeile: zielen, werfen, treffen **7** Prellspiel: auf die Decke und dann hoch und hoch und hoch … **8** Wunderschöne Seifenblasen **9** Seilspringen – allein, zu zweit, zu viert **10** Sieben Tage hat die Woche **11** Lasst die Reifen locker laufen

12 Schnur abheben und nicht fallen lassen **13** Jojo: ja, da läuft der Ball **14** Fang uns doch! **15** Der Diskus fliegt, hui, ist der schnell! **16** Tauziehen: hau ruck **17** Stelzen laufen ist das Größte **19** Tischtennis: ping-pong **18** Schau, wie schnell ich den Reifen treibe! **20** Hopp und hopp und über den Bock **21** Puppen zum Liebhaben **22** Indianerspiel: zwei auf dem Kriegspfad, der am Marterpfahl hat keine Angst **23** Murmelspieler können geschickt werfen **24** Auf zum Sandkasten! **25** Kreisel, Tanzknopf, Triller: dreh dich!

➨ Spiel S. 229

1

2

3

4

Theater

Immer und überall haben die Menschen gespielt, für sich selbst und für andere zur Freude; nicht nur Kinder, auch Erwachsene: sie haben Theater gemacht.

1 Kasperl ist die Hauptfigur im *Puppentheater*. Oft hat er Streit mit dem Polizisten und muss die Prinzessin retten **2** *Marionetten* können im Unterschied zu Handpuppen ihre Hände und Füße bewegen: durch Drähte und Schnüre, die der Puppenspieler anzieht oder locker lässt – eine schwierige Kunst

3 Etwas sehr Schönes: *Handpuppen* und *Masken* fürs Gesicht kann man selbst basteln **4** Schauspiele

5

6

7

8

wurden vor vielen Jahrhunderten im *Amphitheater* aufgeführt: da saßen Griechen oder Römer auf Steinbänken rings um die Bühne mit den Schauspielern **5** *Straßentheater* heute: Harlekin hat sein Kostüm angezogen und tanzt, sein Freund macht Musik **6** Alle Teile für das *Bühnenbild* werden in der Theaterwerkstatt hergestellt **7** Vorbereitungen zur *Aufführung*: Das Kostüm. Der Kopfschmuck. Die Frisur **8** Im Theater heute: die *Bühne* mit den Schauspielern hell beleuchtet, davor der *Orchestergraben* mit den Musikern und alles umgeben von den Zuschauern unten und oben. ➨ Theater S. 232

1

2

3

4

5

6 7

Musik

1 Sinfonieorchester. In der Mitte Dirigent, linke Hälfte von unten nach oben: Violinen, Bratschen, Flöten, Oboen, Fagotte, Klarinetten, Trompeten, Posaunen, Waldhörner, Triangel, Becken, Trommel, Pauken. Rechts: Violinen, Celli, Harfe, Kontrabässe, Tuba, Trommeln, Glockenspiel. **2** Duo **3** Quartett **4** Volksmusik **5** Rock-Band (Elektrische Gitarre, Schlagzeug, Saxophon, Synthesizer) **6** Drehorgel **7** Alphornbläser

Musikinstrumente

1 Mundharmonika **2** Sopransaxophon **3** Altsaxophon **4** Tenorsaxophon **5** Baritonsaxophon **6** Englischhorn **7** Oboe **8** Bassklarinette **9** Klarinette **10** Fagott

11 Flöte **12** Pikkoloflöte **13** Posaune **14** Schalmei **15** Blockflöte **16** Trompete **17** Kornett **18** Okarina **19** Wagner-Tuba **20** Waldhorn **21** Kontrabass **22** Zither **23** Cello **24** Viola **25** Violine (Geige) **26** Serpent **27** Lure **28** Sousaphon **29** Tuba **30** Helikon **31** Balalaika **32** Ukulele **33** Mandoline **34** Gitarre **35** Panflöte **36** Kastagnetten **37** Banjo

38 Elektronenorgel **39** Spinett **40** Fellbespannte Trommel **41** Stablyra **42** Dudelsack **43** Hackbrett **44** Jazzbesen **45** Bongos **46** Gong **47** Vibraphon **48** Tamburin **49** Triangel **50** Maultrommel **51** Stimmgabel **52** Ölfass für Steel-Band **53** Marimbaphon **54** Xylophon **55** Trommelschlegel **56** Orgel ➨ Musik S. 222

Über Land und Meer

Menschen möchten zusammenkommen.
Sie haben Straßen gebaut, Bäche
und Flüsse mit Brücken überwunden
und Meere mit Schiffen überquert.
Allmählich lernte man,
mit ganz verschiedenen Fahrzeugen weiterzukommen: an Land, zu Wasser und in der Luft.
Heute ist jeder Ort auf der ganzen Welt zu erreichen. Da erfahren wir, dass alle Menschen aufeinander angewiesen sind.

Über Land und Meer

Brücken

1 Hafen-Brücke in Sydney als Bogenbrücke (503 m lang) **2** Teufelsbrücke bei Schöllenen **3** Rialto-Brücke in Venedig **4** Kintai-Brücke über den Nishiki-Fluss (China) **5** Japanische Gartenbrücke **6** Holzbohlenbrücke mit Dach **7** Aus Lianen geflochtene Brücke im Regenwald **8** Naturbrücke aus Felsgestein **9** Die Brücken-Straße nach Key West ist 120 km lang **10** Tower-Bridge in London; an den 65 m hohen Türmen hängen zwei 82 m lange Kettenbrücken, in der Mitte ist eine Zugbrücke, darüber eine Fußgängerbrücke **11** Alte römische Brücke über den Tajo bei Alcantara,

um 100 n.Chr. erbaut (188 m lang, 55 m hoch) **12** Alte Brücke bei Mostar über der Schlucht der Neretva, 1566 erbaut, von der Unesco zum Kulturerbe der Menschheit gezählt, 1993 nach Granatenbeschuss eingestürzt **13** Neckarbrücke, Heidelberg **14** Pont Neuf, Paris **15** Landwasser-Viadukt auf der Strecke Davos–Filisur **16** Autobahnbrücke bei Weitingen (918 m lang, 127 m hoch) **17** Rheinbrücke bei Schierstein (Kastenträgerbrücke) **18** Rheinbrücke bei Neuwied (Schrägseilbrücke) **19** Golden-Gate-Bridge, sechsspurige Hängebrücke bei San Francisco (1281 m lang) ➨ Brücke S. 211

Räder

1 Laufrad des Herrn von Drais 1817 **2** Kinderdreirad **3** Kinderspielreifen aus Holz oder Plastik **4** Lenkbares Sitzrad 1839 **5** Kinderfahrrad **6** Amerikanisches Einrad um 1880 **7** Rollschuhe **8** Rennrad von 1882 **9** Kinderdreirad um 1900, Sitz in Pferdeform **10** Motorrad-Schutzkleidung **11** Französisches Zweirad mit Vollgummireifen 1892 **12** Fahrrad mit 5 Sitzen 1898 **13** Erste Versuche mit Rollschuhen **14** Kinderroller **15** Renn-Motorräder mit stromlinienförmiger Verkleidung, **16** auch mit Seitenwagen

17 Pedal-Fahrrad von Hanton **18** Doppelsitzer mit vier Rädern, Ende 19. Jahrhundert **19** Sicherheitsfahrrad von Otto 1879 **20** Kinderdreirad **21** Kinderroller **22** Elektromofa: ein Motor-Fahrrad mit elektrischem Antriebsmotor **23** Radrennfahrer auf einem Weltrekord-Spezialfahrrad **24** Artisten auf Rädern: mit dem Fahrrad auf dem Hochseil; Motorradsprung durch den Feuerreif; Einradkünstler als Jongleur mit Bällen; Gleichgewichtskunststücke einer Künstlertruppe auf dem fahrenden Spezialrad. Jeder weiß, wie schwierig das Gleichgewicht auf einem Fahrrad zu halten ist! ➡ Rad S. 225

Wagen

Mit Fahrzeugen auf Rädern wurden schon früher Menschen und Dinge leicht, bequem und schnell von einem Ort zum andern gebracht.
Das Bild zeigt als Beispiele:
1 Alter ägyptischer Kampf- und Jagdwagen
2 Römischer Kampfwagen, mit Pferden bespannt
3 Überlandkutsche aus dem 17. Jahrhundert
4 Das Cab: ein leichter Einspänner aus England, zweisitzig, der Kutscher lenkt die Pferde von hinten
5 Die Bastardelle war ein vornehmer Reisewagen
6 Omnibus, von Pferden gezogen **7** Eine Berline:

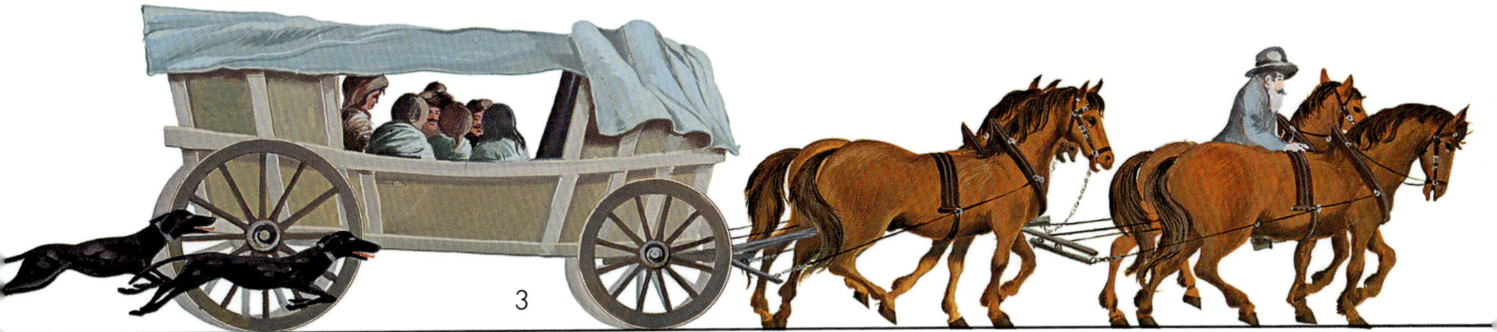

3

6 7

10 11

14 15

der viertürige Stadtwagen des Adels, vom Anfang des 19. Jahrhunderts **8** Dampfwagen von Cugnot (1769) **9** Kohlebefeuerter Straßen-Dampfwagen von John Squire und Francis Maceron (1883) **10** Dampfautomobil von de Dion, Bouton und Trepadour (1885) **11** Benzinkutsche von Daimler, das erste „richtige" Auto (1886). Der Einzylinder-Motor steht zwischen den beiden Sitzbänken **12** Renault-Limousine (1910) **13** Rolls-Royce Stadt-Coupé (1910) **14** Aerodynamische Limousine von Alfa Romeo (1913) **15** Rennwagen von 1916 (Prototyp) ➨ Auto S. 209

Nutzfahrzeuge
Auf der Straße am Berg fahren aufwärts, beginnend rechts unten: Ein großer, zehnachsiger Container-Sattelzug. Er ist mit einem Kühlaggregat ausgestattet: so bleiben die Früchte während der Fahrt frisch. – Ein Tanksattelzug; hinter der Zugmaschine ist ein großer Tank, der hier Benzin enthält. Mit ähnlichen Behältern werden auch andere Flüssigkeiten wie Fruchtsaft, Milch, Heizöl oder Chemikalien transportiert. – Ein Koffer-Sattelzug. Das Gewicht der Ladung ist auf fünf Achsen verteilt. – Ein Pritschen-Fernlastzug mit Anhänger. Er kann, verpackt oder auf Paletten,

ganz unterschiedliche Waren aufnehmen. – Ein Holztransporter. Die Baumstämme sind auf die gleiche Größe zurechtgesägt und werden zur Verarbeitung in die Fabrik gebracht. – Unmittelbar vor der Einfahrt in den Straßentunnel befindet sich die Schwerlastzugmaschine mit Vierachstieflader. Das Fahrzeug bringt eine Straßenwalze und einen Raupenbagger an die Arbeitsstätte. – Neben der Kurve links ist ein Pritschenkipper mit Steinmaterial; auf der anderen Straßenseite rechts schüttet ein Hinterkipper seine Ladung aus groben Steinen aus; damit wird die Straßenböschung befestigt. ➡ Auto S. 209

Autos
Auto ist die Kurzform des Wortes Automobil; damit bezeichnet man einen Kraftwagen. Dieses Straßenfahrzeug mit mindestens drei, meistens vier und mehr Rädern wird heute in der Regel von einem Verbrennungsmotor angetrieben.

Autos der Zukunft sollen schädliche Abgase vermeiden und möglichst wenig Kraftstoff verbrauchen.

Oldtimer: **1** Benz Motorfahrzeug von 1894 **2** de Dion-Bouton 1904 **3** Rolls Royce 1907 **4** Cadillac 1904 **5** Bugatti 1910 **6** Mercer 1902

Klassiker der Moderne: **7** Citroën 2 CV **8** VW Käfer **9** Austin Mini **10** Ford Mustang **11** Citroën ID bzw. DS *Moderne Modelle:* **12** Ford Mondeo **13** Geländefahrzeug Mercedes G **14** Renault Twingo **15** Audi 80 Coupé **16** Opel Astra **17** Lamborghini Diablo **18** BMW 3er-Reihe Compact **19** VW Polo Maxi **20** Fiat 500 (Cinquecento) **21** Porsche Carrera 911 **22** Elektromobil für den Stadtverkehr **23** „Hybrid"-Auto mit wechselndem Antrieb **24** Gelenkbus **25** Das berühmte Mondauto. ➡ Auto S. 209

U-Bahn

Überall auf den Straßen nimmt der Verkehr zu. In den Städten drängen sich Autos, Busse und Lastwagen, Straßenbahnen kommen nicht voran, auf den Gehwegen wollen Fußgänger weiterkommen und Autos parken. In vielen großen Städten wurden deshalb U-Bahnen (Untergrundbahnen, Unterpflasterbahnen) eingerichtet: unterhalb von Häusern und Straßen wurden für sie Tunnels gegraben, wo die elektrischen Züge ungehindert und dicht hintereinander fahren können; so bringen sie die Menschen in den Großstädten rasch an Ort und Stelle. Die großen

unterirdischen Bahnhöfe wurden inzwischen zu Einkaufsstätten ausgebaut; hier können die Menschen unterwegs zur Arbeit oder abends auf dem Weg nach Hause einkaufen, was ihnen fehlt. An Kreuzungen von U-Bahn-Strecken – meist in der Stadtmitte – fahren die Züge oft in mehreren Geschossen untereinander, in den Außenbezirken liegt die Strecke oberirdisch, manchmal sogar als Hochbahn höhergelegt.
Die längsten U-Bahn-Strecken gibt es in New York und London, die erste U-Bahn in Deutschland wurde in Berlin gebaut (1902), die schönsten Bahnhöfe hat Moskau. ➨ U-Bahn S. 232

1

2

3

5

6

8

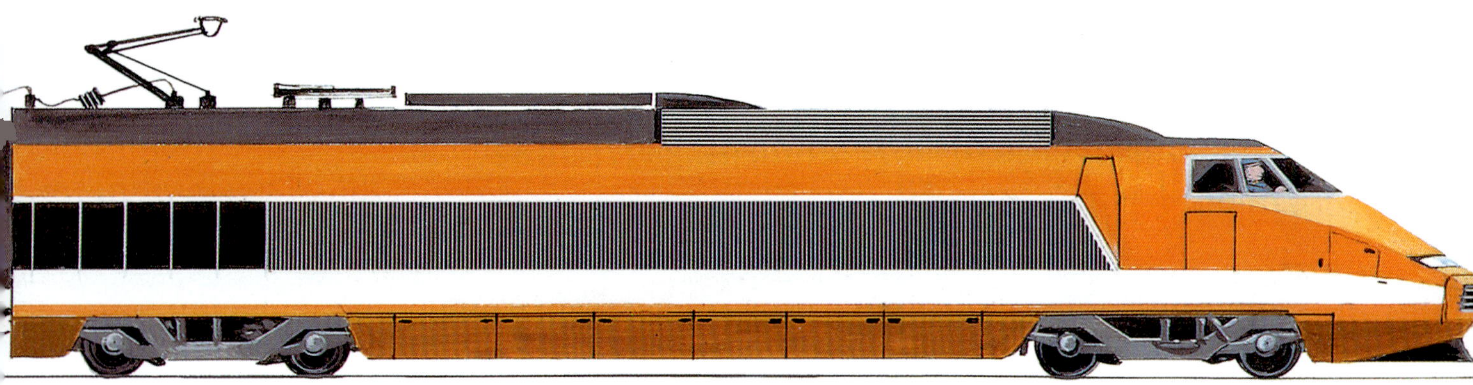

11

Lokomotiven, Züge

Die Lokomotive ist ein Schienenfahrzeug, das in der Regel mit Elektrizität, Dampf oder Dieselkraftstoff betrieben wird. Die Erfindung stammt vom Anfang des 19. Jahrhunderts. Seither wurden sehr verschiedenartige Lokomotiven erbaut und benützt, um die Züge schneller fahren zu lassen. Das Bild zeigt:

1 „Planet", Dampflokomotive von Stephenson 1830
2 Weiterentwickelte Lokomotive von Stephenson 1850
3 Amerikanische Dampflokomotive Typ 4-4-0 „Santa Fé" 1868

4

7

9

10

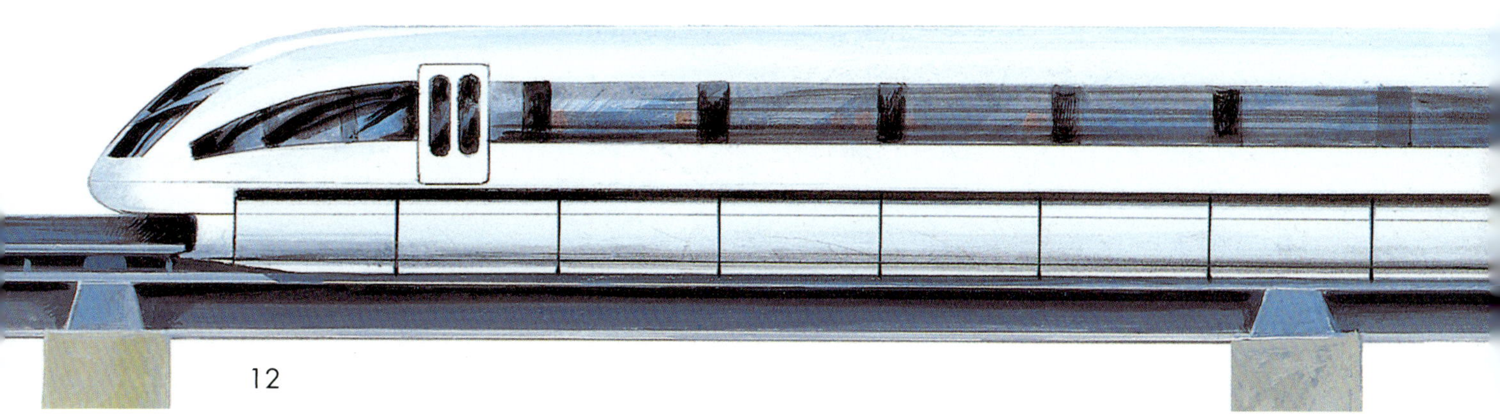

12

4 Schnellzuglokomotive Baureihe 01 C1 der DB
5 Rangierlokomotive (DB) **6** Schnellzuglokomotive Baureihe E 10 der DB **7** Diesellokomotive V 200 (DB)
8 Amerikanische GG-1-Maschine **9** Schweizerische elektrische Schnellzuglokomotive Ae 6/6
10 ICE (Intercity-Express) der DB, seit 1991 in Betrieb; Spitzengeschwindigkeit 250 km/h
11 Der französische TGV (Train à Grande Vitesse) ist mit 270 km/h der schnellste Reisezug der Welt
12 Transrapid, das deutsche Projekt einer Magnetschwebebahn. ➡ Eisenbahn S. 211

Güterwagen

Unsere Straßen und Autobahnen sind überfüllt; daher sollen möglichst viel Güter mit der Eisenbahn transportiert werden. Züge können große Mengen und schwere Dinge rasch über weite Strecken ans Ziel bringen. Dafür werden die Bahnstrecken ausgebaut, neue Schienen gelegt, Kurven beseitigt und durch Gebirge Tunnels gebohrt: auf solchen Strecken kommen die Züge rascher ans Ziel. Außerdem müssen die Güterwagen aus verschiedenen Ländern zueinander passen, damit man sie leicht verbinden, trennen und neu

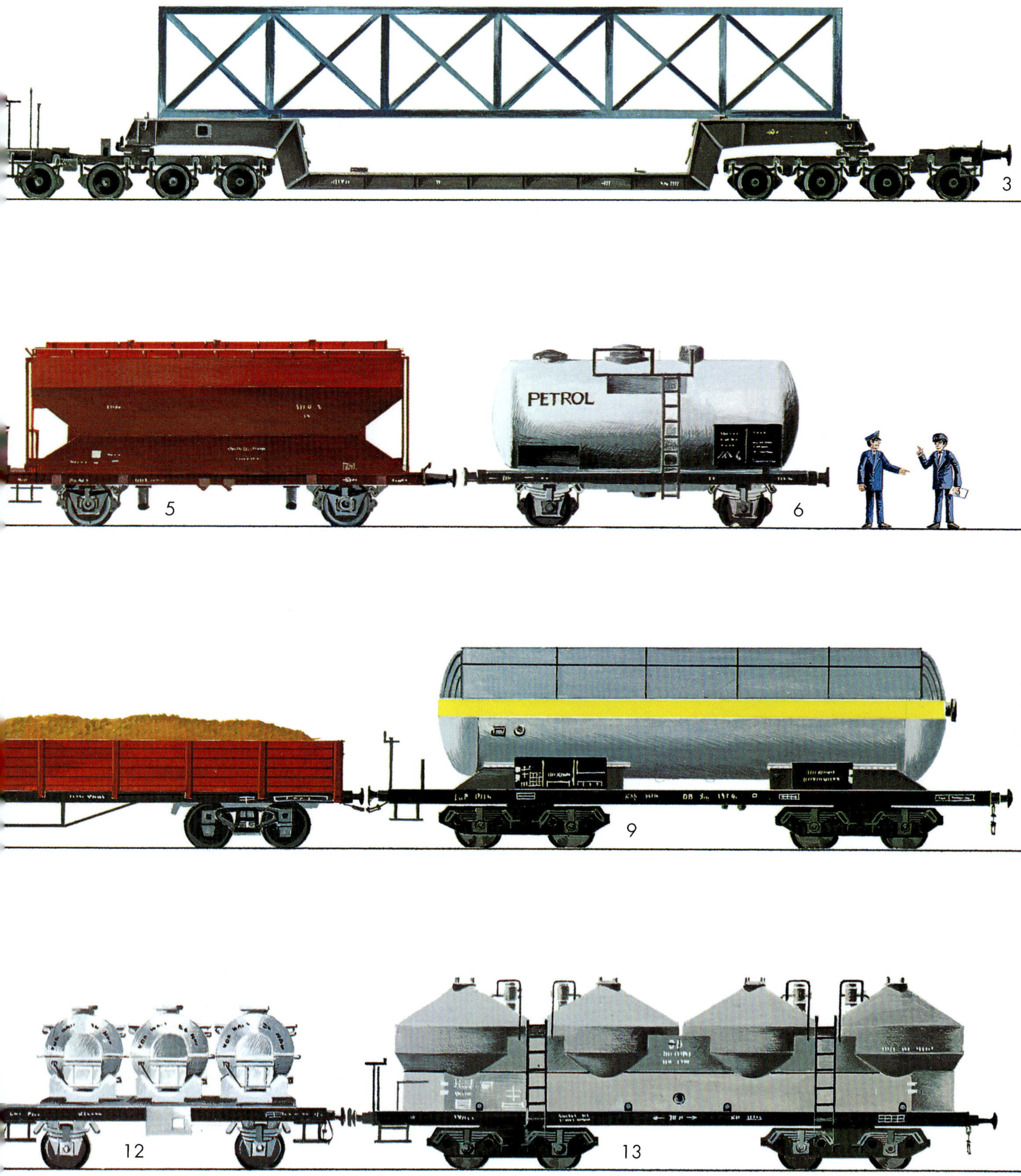

zusammenstellen kann, je nachdem, wohin die einzelnen Wagen gebracht werden. Das Bild zeigt verschiedene Güterwagen: **1** Zementwagen **2** Flachwagen; transportiert wird ein Schaufelbagger **3** Tiefladewagen **4** Autotransportwagen für Fabriklieferungen und für Autoreisezüge

5 Getreidewagen **6** Kesselwagen für Flüssigladung **7** Gedeckter Güterwagen **8** Offener Güterwagen **9** Druckgas-Kesselwagen **10** Früchtewagen zum Transport von Obst **11** Großraum-Kesselwagen **12** Behälter-Tragwagen **13** Fein-Schüttgut-Transportwagen. ➡ Eisenbahn S. 211

Schiffe 1

1 Wikingerschiff (Langschiff) des 10. Jahrhunderts mit Drachenkopf, Besegelung und dreißig Rudern **2** Ruderboot von Eingeborenen in der Südsee **3** Ruderboot aus unserer Zeit **4** Floß mit Segel **5** Kogge der deutschen Hanse aus dem 14. Jahrhundert **6** Chinesische Dschunke mit Faltsegel **7** Altägyptisches Seeschiff (ca. 1500 v. Chr.) **8** Griechisches Ruderschiff (Bireme) mit zwei Reihen von Rudern (ca. 500 v. Chr.) **9** Römische Galeere mit drei Ruderreihen und erhöhtem Gefechtsstand. An den Rudern arbeiteten Gefangene, Sträflinge

oder Sklaven (1. Jh. v. Chr.) **10** Römisches Handelsschiff aus der gleichen Zeit **11** „Santa Maria". Mit diesem Schiff brach Kolumbus auf, um die Gewürzinseln zu entdecken; er fand aber Amerika **12** Die „Nina" in der Flotte von Kolumbus glich dieser Karavelle des frühen 15. Jahrhunderts

13 H.M.S. „Victory", das Flaggschiff der britischen Flotte in der Seeschlacht von Trafalgar, wo Admiral Nelson den Sieg über die vereinigte französisch-spanische Flotte errang, aber selbst den Tod fand.
➡ Schiff S. 227

Kreuzfahrtschiff
1 Kommandobrücke **2** Kartenraum **3** Funkstation **4** Wohnräume der Offiziere **5** Kesselschacht **6** Brandschutzraum **7** Kapitänskajüte **8** Offizierskajüten **9** Theater- und Kinosaal **10** Nightclub **11** Bar **12** Veranda **13** Clubraum **14** Treppen für Passagiere **14a** Treppen für Mannschaft **15** Schreib- und Leseraum **16** Andachtsraum **17** Boutique **18** Toiletten **19** Bar **20** Büros **21** Post **22** Kabinen **23** Luxusapartments **24** Spielzimmer **25** Dusche **26** Klimaanlage **27** Damensalon **28** Herrenfriseur **29** Gepäckpforten **30** Mannschafts-Waschräume **31** Bäder **32** Speisesaal **33** Konditorei, Bäckerei **34** Hauptküche **35** Quergang **36** Mannschafts-

Aufenthaltsraum **37** Kettenkasten **38** Ersatzteillager **39** Kompressorraum **40** Mannschafts-Kabinen **41** Druckerei **42** Mannschaftsküche **43** Speiseräume der Mannschaft **44** Krankenzimmer **45** Ärztlicher Behandlungsraum **46** Wäscherei **47** Rudermaschinenraum **48** Gepäckraum **49** Elektrowerkstatt **50** Schlosserwerkstatt **51** Vorräte und Getranke

52 Gymnastikraum **53** Laderäume für Kühlgut **54** Allgemeine Laderäume **55** Vorratsraum **56** Öltanks **57** Laderäume **58** Fleisch-Kühlräume **59** Schwimmbad **60** Weinkeller **61** Wellentunnel **62** Hauptmaschinenraum **63** Hilfsmaschinenraum **64** Stabilisatorenraum **65** Seewasserverdampfer **66** Süßwassertanks **67** Bodentanks. ➡ Schiff S. 227

Schiffe 2
1 Der große eiserne Schaufelraddampfer „Great Eastern", Baujahr 1858 **2** Ausflugsdampfer mit Schaufelradantrieb **3** Mississippi-Steamer aus dem Beginn des 19. Jahrhunderts mit Schaufelradantrieb am Heck **4** Fünf-Mast-Segler „Preußen", Baujahr 1902, darunter moderne Segeljolle **5** Passagierdampfer „Mauretania", Baujahr 1907 **6** Mesoscaphe: Unterseeboot für Ausflugsfahrten **7** Bathyscaphe: Unterseeboot für wissenschaftliche Forschungen; mit ihm wurde die bisher größte Tauchtiefe von mehr als 10 000 m

erreicht. **8** Mittelgroßer moderner Öltanker
9 Schlepper zum Einsatz im Hafengebiet
10 Kühlschiff für den Transport von Nahrungsmitteln
11 Feuerschiff **12** Großer Passagierdampfer, darunter ein Rennboot für den Wassersport
13 Jacht **14** Luftkissenfahrzeug **15** Tragflügelboot
16 Flussdampfer für größere Ausflugsfahrten
17 Schleppkahn mit Dieselmotorantrieb
18 Amerikanisches Atom-Unterseeboot
19 Unterseeboot für wissenschaftliche Forschungen PX 15. An Land rechts außen ein Leuchtturm.
➨ Schiff S. 227

Flugzeuge

1 Fluggleiter von O. Lilienthal 1890 **2** Flugapparat von C. A. Satory 1890 **3** Erstes Flugzeug der Brüder Wright 1903 **4** Doppeldecker von H. Farman 1907 **5** Hochdecker von L. Blériot 1910 **6** *Spirit of Saint Louis*: Mit diesem einmotorigen Hochdecker überquerte Ch. Lindbergh den Atlantik im Alleinflug 1927 **7** Vielzweckflugzeug Ju 52 von H. Junkers **8** Amerikanisches Wasserflugzeug aus den 30er Jahren **9** Sportflugzeug Cessna Skymaster 1962 **10** Segelflugzeug **11** Flugboot Do X von C. Dornier mit 12 Motoren und Platz für 169 Personen 1929 **12** Flugboot von Savoia Marchetti

1930 **13** Nordpolflug von R. E. Bird 1926 **14** Nurflügelbomber Northrop XB-35 1946 **15** Verkehrsflugzeug DC-3 **16** Ein-Mann-Hubschrauber. – Moderne Großraumflugzeuge: **17** Die französische *Concorde* überquert, schneller als der Schall, den Atlantik in weniger als 4 Stunden **18** Boeing *747*, das erste Großraumflugzeug. Heute können damit 400 Passagiere ohne Zwischenlandung 13 000 Kilometer weit fliegen **19** MD 11, mit drei Triebwerken ausgestattetes Großflugzeug der ursprünglich britischen Firma McDonnel Douglas **20** A 2000, geplantes Großraumflugzeug aus der europäischen Airbus-Familie. ➡ Flugzeug S. 213

Flughafen

Wie aus einem Hubschrauber sehen wir den Flughafen: vorn in der Mitte das Abfertigungsgebäude für kleinere Flugzeuge, rechts die Aussichtsterrasse für Zuschauer, links das Abfertigungsgebäude für Passagiere; hier können sie aus dem gelandeten Flugzeug unmittelbar über eine gedeckte Rampe zur Halle gehen, wo sie ihr Gepäck erhalten. Es wird aus dem Bauch des Flugzeugs geholt und auf kleinen Wagen herbeigekarrt (oberes Flugzeug) Das Flugzeug darunter erhält aus dem Tanklastzug neuen Treibstoff. Im Kontrollturm (links außen)

arbeiten die Fluglotsen; sie ordnen und überwachen den Start und die Landung der Flugzeuge; auf großen Flughäfen in jeder Minute mindestens eines. Rechts sehen wir die Frachthalle und vor ihr drei Transportmaschinen. Das erste Flugzeug ist vorn aufgeklappt: hier wird die Fracht eingeladen und es können sogar Autos mitgenommen werden. Im Mittel- und im Hintergrund sehen wir nebeneinander die Start- und die Landebahn mit Querverbindungen. Rechts vor den Bergen steigt eine Maschine steil in die Luft.

➡ Flughafen S. 213

Ballone
1 Heißluftballon „L'Aigle" von Godard. Flüge 1864/1866 **2** Erster Ballonstart 27. 8. 1783, Paris, unbemannt, Ballonhülle mit Wasserstoff gefüllt **3** Montgolfière, ein Heißluftballon der Brüder Montgolfier: Erster bemannter Ballonflug von Pilatre de Rosier und Marquis d'Arlande am 21. 11. 1783 **4** Projekt von Thilorier für Truppentransporte mit Ballonen **5** Ballon von Vincent Lunardi, erster Ballon-Start in England: London Juni 1875 **6** Eugène Godard: Ballonflug mit fünf zusammengekoppelten Ballonen (um 1850)

7 Erste Atlantiküberquerung im Ballon, August 1978; Aeronauten: Larry Newman, Ben Abruzzo, Maxie Anderson **8** Ballon-Projekt von 1783 **9** Erster Fallschirm von Garnerin (1797) **10** Kinderballone **11** Heißluftballon **12** Teilnehmer an einem Wettbewerb für Heißluftballone

13 Spielballon aus Seidenpapier **14** Gasballon mit Sandsäcken als Ballast **15** Stratosphärenballon zur Erforschung sehr großer Höhen mit luftdichter Kugel; mit einem solchen Gerät erreichte der Schweizer Forscher A. Piccard 1932 eine Höhe von 16 940 m. ➡ Ballon S. 209

Luftschiffe
1 Luftschiff der Schweizer Waffenschmiede Egg und Pauly von 1815 **2** Luftschiff von Giffard, 1852, angetrieben von einer kleinen Dampfmaschine **3** Luftschiff von Santos-Dumont 1898, angetrieben von einem Benzinmotor mit Luftschraube **4** Dixons Air-Ship, 1909 **5** Skyship 600, ein modernes Prall-Luftschiff; in der Gondel haben 24 Personen Platz **6** Luftschiff LZ 127 „Graf Zeppelin", 1928, mit Motorgondeln, Luftschrauben und geräumiger, getrennter Gondel für 20 Passagiere, Geschwindigkeit ungefähr 130 km/h **7** „Blimp" ZPG-3W, Baujahr 1958.

Diese größten je gebauten Prall-Luftschiffe dienten der amerikanischen Marine als Radarstationen **8** Moderner Heißluftzeppelin mit Propellerantrieb für verschiedene Richtungen **9** Das britische Luftschiff R 34 überquerte 1919 erstmals den Nordatlantik in beiden Richtungen **10** Fesselballon, hier Baujahr 1900; diente bis in den 2. Weltkrieg als Schutz gegen angreifende Flugzeuge **11** Goodyear G2 20 A Europa. Moderner Werbeträger, Reisegeschwindigkeit 80 km/h **12** Mit dem Luftschiff „Norge" überflog die Expedition Amundsen/Nobile/Ellswort 1926 den Nordpol. ➡ Luftschiff S. 220

Raketen

Raketen und Satelliten umkreisen die Erde. Sie dienen militärischen, wirtschaftlichen und wissenschaftlichen Zwecken. Aufklärungssatelliten beobachten Veränderungen, damit entstehende Kriegsgefahr rasch erkannt werden kann.

Nachrichtensatelliten übermitteln in Gedankenschnelle Telefongespräche oder Fernsehbilder an jeden beliebigen Ort der Erde. Wettersatelliten liefern die Daten, mit deren Hilfe die Wettervorhersage formuliert wird.

1 Start eines russischen Wostok-Raumschiffes vom

Weltraumbahnhof Baikonur in der kasachischen Steppe **2** Amerikanisches Space-Shuttle auf der Startrampe. Wie mit einem modernen Flugzeug landen die Astronauten nach erfolgreicher Beendigung ihrer Mission in der Wüste von Kalifornien **3** Die dreistufige europäische Trägerrakete Ariane 5 mit der Raumfähre Hermes an der Spitze hebt von der Startrampe ab **4** *Oben:* Das Hubble Space Telescop dient astronomischen Forschungen. *Mitte:* Raumfähre Hermes, angedockt an die russische Weltraumstation Mir. *Unten:* US-Space Shuttle setzt zum Landeanflug auf die Erde an. ➨ Weltraumfahrt S. 236

Aus der Welt der Vorzeit

Das Leben auf der Erde mit Pflanzen und Tieren
hat sich während unvorstellbar langer Zeit entwickelt.
Die Erde bildete sich vor ungefähr 4,5 Milliarden Jahren.
Die ersten Lebewesen entstanden im Wasser;
in langer Zeit und Schritt um Schritt eroberten sie das feste Land.
Unzählbar viele Veränderungen ereigneten sich bei Tieren und Pflanzen, bis sie so wurden, wie wir sie heute kennen.
Was wir wissen, verdanken wir Forschern, die Reste und Spuren gesucht und gedeutet haben.

Aus der Welt der Vorzeit

Urmeer
Unsere Erde ist voll von Leben: Pflanzen und Tiere umgeben uns, Wälder, Wiesen, Flüsse und Meere sind von unzähligen Lebewesen besiedelt.
Doch das war nicht immer so. Vor unvorstellbar langer Zeit – vor etwa 4,5 Milliarden Jahren – entstand die Erde. Zuerst war sie wohl ein glühender Feuerball aus flüssigem Gestein, eingehüllt von einer dichten Wolke aus Wasserdampf. Allmählich kühlte sich die Erde ab und dabei ging der Wasserdampf in Regen über, der vielleicht Tausende von Jahren andauerte. Die Erde wurde fest,

es bildete sich die Erdkruste, das Festland, das Meer. Im Urmeer entwickelten sich die ersten lebenden Organismen, einfache, einzellige Bakterien, aus denen, fast unsichtbar, kleine Fadenalgen, Algenkolonien und Kalk bildende Algen entstanden. Es folgten Quallen, Seeigel, Krebse und viele andere Geschöpfe, die in den warmen Wassern der Meere des Erdaltertums entstanden.
Und mit der Zeit stieg das Leben aus dem Meer ans Land. ➡ Meer S. 221

Steinkohlezeit
In dem Erdzeitalter, das Karbon genannt wird, bildete sich während Millionen von Jahren die Kohle aus der Versteinerung von Pflanzen, die damals in Sümpfen wuchsen: Schachtelhalme, Schuppenbäume und Farne mit einem großen, unterirdischen Wurzelsystem.

Das Bild zeigt: **1** Verschiedene Schuppenbäume **2** Windendes Keilblatt, ein Schachtelhalmgewächs **3** Niedere Farne **4** Der Riesenschachtelhalm (Calamit) konnte 30 m hoch und 1 m dick werden **5** Baumfarn **6** Lurch **7** Riesenlibelle mit Spannweite 75 cm. ➡ Fossilien S. 213, Steinkohlezeit S. 230

Fossilien

1 Trilobit: ein Dreilappkrebs aus dem Silur **2** Korallenstock: diese Hohltiere lebten vor rund 140 Millionen Jahren **3** Haifischzahn **4** Purpurschnecke **5** Seeigel: nach dem Tod hat dieses Tier die Stacheln verloren **6** Seepocken: Krebse, die fest auf dem Gestein hafteten **7** Greifmuschel Gryphaea **8** Farn: die Versteinerung stammt aus dem Karbon **9** Rhynchonella: Versteinerungen dieser Meerestiere finden die Forscher häufig **10** Ammonit: ein Verwandter der heutigen Tintenfische. ➡ Fossilien S. 213

Jura-Meer
In der Jura-Zeit des Erdaltertums waren weite Teile Nord-, Mittel- und Süddeutschlands viele Millionen Jahre lang vom Meer bedeckt. Hier im warmen Wasser lebten erstaunliche Tiere und Pflanzen.
1 Urvogel Archäopteryx, ungefähr so groß wie eine Eidechse **2** Flugsaurier Ramphorhynchus mit kurzen Beinen und langem Schwanz **3** Elasmosaurus, der bisher größte bekannte Plesiosaurier mit langem, schlangenähnlichem Hals **4** Kronosaurus wurde ebenfalls etwa 13 m lang **5** Seelilien auf Treibholz; auf langen Stielen aus feinen Einzelgliedern saßen

die „Kronen" mit unzähligen Fangarmen und feinen Fangfäden **6** Tylosaurus wurde 12 m lang **7** Ichthyosaurier (Fischechse) mit kräftigen Flossen und scharfen Zähnen. Sie schossen wie ein Torpedo durch das Wasser **8** Riesen-Meeresschildkröte Archelon **9** Belemnit (Tintenfisch), ein schlankes Tier mit gefährlichen Fangarmen; durch Rückstoß des Wassers treibt es sich vorwärts **10** Brachiopod (Armfüßer) mit Bauch- und Rückenschale **11** Ammoniten hatten einen tintenfischähnlichen Körper in einer aufgerollten Schale **12** Schwämme **13** Seeigel ➡ Jura S. 217

Dinosaurierfunde

Kein Mensch hat jemals einen Dinosaurier gesehen. Diese Tiere sind seit 65 Millionen Jahren ausgestorben. Wir können über sie nur deshalb etwas sagen, weil es von ihnen Überreste gibt: Knochen oder Versteinerungen, manchmal sogar vollständige Skelette. Wie Detektive sicherten Wissenschaftler die Spuren und überlegten und begründeten dann, wie es früher vermutlich war.

1 Wissenschaftler kommen in ein bestimmtes Gebiet. Sie haben Grund zu der Vermutung, dass hier einmal Dinosaurier gelebt haben

5

6

7

2 Der Platz der Ausgrabungen wird festgelegt
3 Die Grabung ist erfolgreich; es werden Knochen gefunden **4** Nicht nur Knochen! Vorsichtig wurde Erdboden abgetragen: ein ganzes Skelett kam zum Vorschein **5** Die einzelnen Teile werden nummeriert und zum Schutz in Gips eingegossen, anschließend herausgelöst und sortiert
6 Die Fundstücke werden sinngemäß montiert
7 Im Museum bewundern wir das Knochengerüst (Skelett) sowie das Bild daneben: es zeigt, wie das Tier vermutlich ausgesehen hat.

➨Dinosaurier S. 211

Dinosaurier

In dem Abschnitt der Erdgeschichte, der *Kreide*zeit genannt wird, war es weit und breit auf der Erde feucht und warm. Es gab damals einen einzigen riesigen Kontinent: Pangäa. Mehr als 140 Millionen Jahre lang herrschten hier die Dinosaurier. Es gab sie in allen Formen und Größen, die kleinsten nicht größer als ein Huhn. Einer der größten Dinosaurier und vermutlich eines der größten Landtiere gehörte zur Familie der Diplodociden: von der Nase bis zur Schwanzspitze maß *Supersaurus* 30 Meter, er könnte heute mühelos im fünften Stockwerk eines Hauses zum Fenster

hereinschauen. Vor etwa 65 Millionen Jahren starben die Dinosaurier ziemlich schnell aus; vielleicht nach dem Einschlag eines riesigen Meteoriten und verheerenden Vulkanausbrüchen. **1** Diplodocus **2** Tyrannosaurus rex, größter Fleischfresser. – Vorzeitpflanzen: **3** Araucarites

4 Williamsonia (schlankstämmige Benettiteen) **5** Lebachia – **6** Triceratops **7** Deinonychus **8** Iguanodon **9** Brachiosaurus **10** Brontosaurus **11** Plateosaurus **12** Anatosaurus **13** Parasaurolophus **14** Stegosaurus **15** Dimetrodon **16** Allosaurus **17** Cycadeoidea ➡ Dinosaurier S. 211

Eiszeit-Tundra

Die letzte große Eiszeit endete etwa 10 000 Jahre v.Chr.

1 Mammute gehören zu den Vorfahren unserer heutigen Elefanten. In Rudeln zogen sie durch die Tundra. Ihre Stoßzähne waren groß und geschwungen. Ein einzelner Backenzahn wog 15 Pfund. Vor der Kälte schützte sie ihr dichtes, zottiges Fell **2** Das wollhaarige Nashorn. Dieses Tier schuf sich für die langen Winter eigene Vorräte: einen mächtigen Fetthöcker auf dem Rücken **3** Rentierherden. Die Tiere waren damals

noch größer als heute **4** Moschusochsen gibt es heute noch ganz im Norden Amerikas und auf den Inseln im Nordmeer **5** Schneehühner **6** Fieberklee **7** Riedgräser **8** Wollgras **9** Moorbeere **10** Heidekraut **11** Alpenazalee **12** Gesteinsflechten **13** Krähenbeere **14** Krautweide **15** Netzadrige Zwergweide **16** Gold-Fingerkraut **17** Roter Steinbrech **18** Silberwurz. Der Flechten- und Moosteppich der weiten Tundra war unterbrochen von Steinblöcken, die von den reißenden Schmelzwassern der Gletscher im Tauwetter des Frühjahrs aus dem Gebirge herabgespült wurden. ➡ Eiszeit S. 212

Höhlenmenschen

Wie ging es zu bei den Menschen der Vorzeit? Wir wissen es nicht, doch wir können uns dies und das denken. Die Menschen hatten damals noch nicht gelernt, Häuser zu bauen, Haustiere zu halten, essbare Pflanzen anzubauen. Sie lebten von dem, was sie suchten und fanden: als Jäger und als Sammler. Sie wollten wohnen, essen, trinken, warm haben, drinnen und draußen; so war und ist es bei uns Menschen immer. Die Großfamilie auf dem Bild hat als Wohnung eine geräumige Höhle. Sie bietet Schutz bei Regen und Sturm und Hitze und Kälte. Beeren und Früchte und essbare Wurzeln sammeln

die Menschen im Wald und auf Wiesen und außerdem ist der Fluss ganz nah: da fangen die Männer Fische. Einer trägt sie nach Hause, andere rudern im Einbaum oder ziehen ihr Boot an Land. Jäger spannen das Fell eines Tieres zum Trocknen auf Stäbe. Mutter und Kind sehn wir vorn in der Höhle, Männer arbeiten an einem neuen Boot, eine Frau gießt Wasser in die Schale. Feuer – Feuer ist das größte! Einer sitzt da und hält mit hartem Holz ein Stück Fleisch über die Flamme: gleich ist es gar und schmeckt so viel besser als roh. Dahinter haben sie Feuer aus dem Stein geschlagen und nähren die Flamme mit Holz. ➡ Höhle S. 216

Höhlenforschung
Unterirdische Höhlen entstanden oft durch Wasser, das weiches Kalk-, Gips- oder Salzgestein auswusch. *Oben:* Berglandschaft mit einem Schnitt durch obere Erdschichten mit Höhlen sowie Forschern auf einem unterirdischen Fluss.

Darunter: **1** Fledermaus **2** Nachtfalter **3** Spinne **4** Höhlengrille **5** Blinder Höhlensalmler **6** Blinde Höhlenbarbe **7** Blinder Höhlenmolch **8** Krabbe **9** Blinde Garnele. – *Unten:* Höhlenmalerei. Aus der Steinzeit stammen Wandbilder mit Abbildungen meist von Tieren, gemalt auf Wände und Decken

von Höhlen. Solche Höhlen fand man vor allem in Mittel- und Südfrankreich sowie in Nordspanien. *Rechte Seite:* Höhlenforschung. Im Vordergrund Wissenschaftler mit Taucherausrüstung, Schlauchboot und Paddel. In der weit sich hinziehenden Tropfsteinhöhle sehen wir von oben wachsende Zapfen (Stalaktiten) und von unten wachsende Säulen (Stalagmiten). Sie entstehen durch das Wasser, das von Wänden und Decken tropft; es enthält Kalk, der sich mit der Zeit ablagert und vielerlei Formen bildet. ➡ Höhle S. 216

Aus der Welt der Pflanzen

Überall auf der Erde gibt es Leben, in der Eiswüste und in einem winzigen Wassertropfen, in den Steppen Afrikas unter glühend heißer Sonne und tief im dunklen Innern der Erde.
Wer in einem Ballon über der Erde schwebt, sieht die Welt unter sich wie einen großen Garten.
Vieles wächst wild und von selbst, anderes muss gepflanzt, gehegt und gepflegt werden.
Die Reichtümer der Erde sind ungleich verteilt.
Zwei Drittel der Menschen leben in Gebieten, wo der Boden nicht fruchtbar genug ist, um alle ausreichend zu ernähren. Das ist zu ändern.

Aus der Welt der Pflanzen

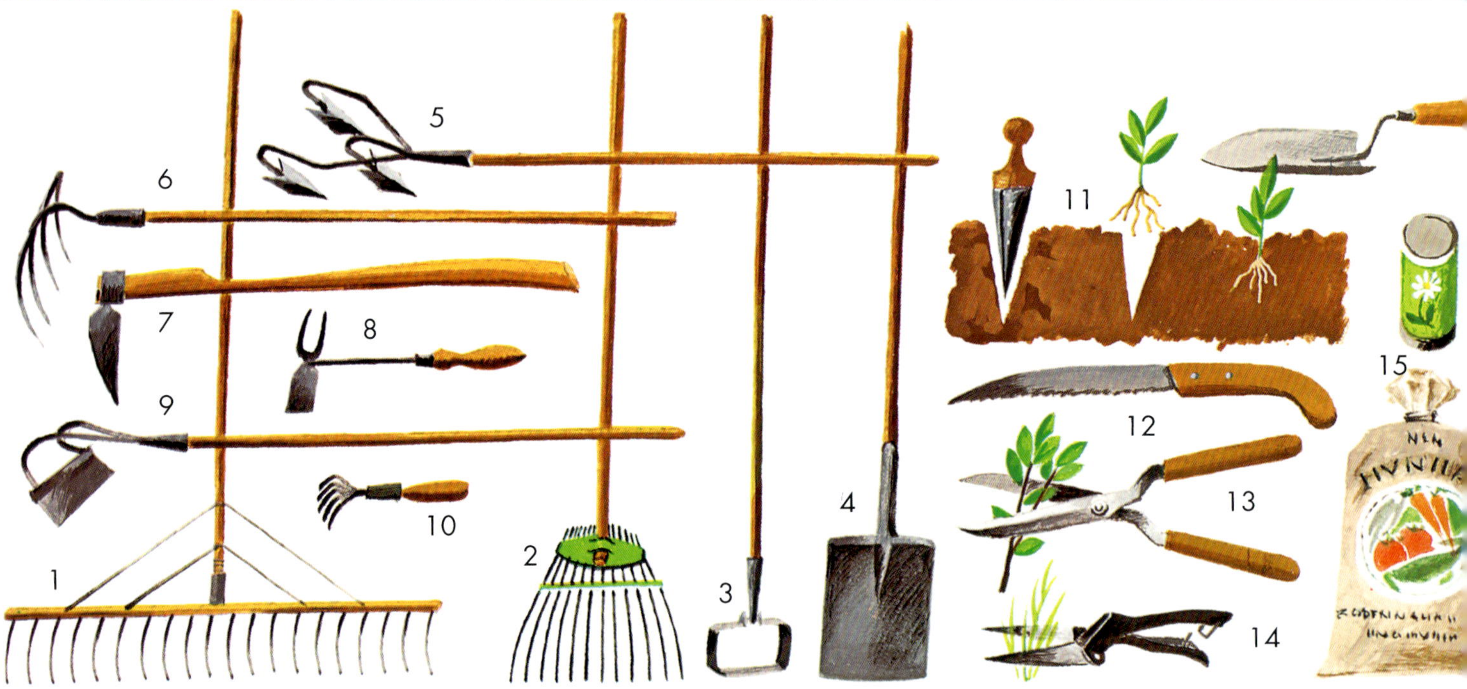

Gärtnerei
Oben: In einer Gärtnerei: Treibhaus von außen – Wohnhaus mit Verkaufsraum und Werkzeugschuppen – Gartenbeete mit Jungpflanzen, teils gedeckt mit Glasrahmen – Treibhaus innen.
Mitte: Arbeiten im Garten. Bäume ausschneiden – Junge Pflanzen setzen – Hecken schneiden – Besprühen mit dem Rückenschwefler – Bewässern – Apfelernte mit dem Obstpflücker.
Unten: Handwerkszeug und Arbeitsmaterial des Gärtners. **1** Gras- und Laubrechen **2** Laubwischer oder -besen **3** Pendelhacke

4 Spaten **5** Dreizinkenkultivator **6** Kräuel **7** Feldhaue
8 Jäthäckchen **9** Bügelzughacke **10** Wühleisen
11 Setzen einer Pflanze mit Setzholz und Pflanzkelle
12 Baumsäge **13** Heckenschere **14** Grasschere
15 Dose und Sack mit Pflanzennährsalz und Kunstdünger **16** Gartenschnur **17** Veredlungsmesser
18 Bindereischere **19** Holzetikett
20 Gartenmesser **21** Baumschere **22** Tontöpfe
23 Bast **24** Samen **25** Gießkanne **26** Okulieren
27 Kopulieren **28** Pfropfen.

➡ Garten S. 214

1

2

5

6

Obst

Die Obstbäume im Hausgarten oder in der Gärtnerei sind aus wild wachsenden Pflanzen gezüchtet. In den Baumschulen werden auf Wildlinge Teile der Edelsorte verpflanzt. Als Edelreiser werden ausgereifte einjährige Triebe mit gut ausgebildeten Holzaugen verwendet. Das Edelreis verwächst mit der Unterlage und trägt dann Früchte der Edelsorte.

Heute werden kleinere Bäume und Sträucher bevorzugt, damit man die Früchte leichter pflücken kann.

3

4

7

8

1 Apfel, Frucht mit Blatt und Blüte, die aufgeschnittene Frucht zeigt das Kerngehäuse **2** Birne mit Blatt, Blüte und Kernen **3** Aprikose mit Blatt und Blüte. Die aufgeschnittene Frucht zeigt den Stein **4** Quitte mit Blatt, Blüte und Kern **5** Kirschen (rötlich und schwärzlich) mit Blatt und Blüte. Die geöffnete Frucht zeigt den Stein **6** Pfirsich, eine Steinfrucht, mit Blatt und Blüten **7** Zwetschge, eine Steinfrucht und eine Spielart der Pflaumen, mit Blatt und Blüte **8** Pflaume mit Blatt und Blüte. ➡ Obst S. 224

Gemüse

1 Kopfsalat (Gartensalat) von oben betrachtet **2** Spinat **3** Radieschen und **4** Rettich, beides gut gesalzen besonders wohlschmeckend **5** Kohl (Kraut) **6** Lauch **7** Knollensellerie **8** Feldsalat (Ackersalat, Sonnenwirbele, Rapunzel) **9** Blumenkohl

10 Chicorée **11** Aubergine mit Blüte und Blatt **12** Zucchetti **13** Spargel, gebündelt **14** Artischocke **15** Erbsen, als Konserven in Dose, auf der Dose aufgemalt die Hülse (volkstümlich auch Schote genannt) mit den essbaren Samen (Hülsenfrüchte) **16** Kohlrabi **17** Mangold (Römischkohl)

18 Paprika, außer gelb auch grün und leuchtend rot vorkommend **19** darunter quer sowie im Glas eingelegt Gurken **20** neben dem Glas Pilze (Pfifferlinge) **21** neben dem Glas eine Zwiebel **22** Rosenkohl **23** auf dem Holzbrett rote Rübe (Rahnen) und **24** gelbe Rüben (Karotten)

25 weiße Bohnen **26** Fenchel mit fleischigem Blattgrund **27** hochrote, seltener gelbliche Tomaten (Paradiesapfel) **28** grüne Bohnen. – Wertvoll für die Gesundheit sind im Gemüse die Mineralsalze und lebenswichtigen Wirkstoffe (Vitamine).

➡ Gemüse S. 214

Südfrüchte

1 Ananas in der regelmäßig geformten Schale mit spitz auslaufenden Schuppen; im Hintergrund die Frucht an der Spitze einer Ananasstaude **2** Apfelsine (Orange) am Ast eines Apfelsinenbaums mit Blättern und Blüten **3** Melone, aufgeschnitten mit Fruchtfleisch und Samen **4** Banane mit (ungeniessbarer!) Schale, im Hintergrund die etwa 10 m hohe Bananenstaude mit einem traubenartig wachsenden Bündel von Früchten **5** Grapefruit als ganze und als halbierte Frucht **6** Zitrone am Ast eines Zitronenstrauchs mit gewellten, ledrigen Blättern **7** Dattel mit Kern,

3

4

7

8

Zweig mit Früchtebüschel, afrikanische Dattelpalme mit reichem Blätterschopf und Früchten **8** Ein Zweig des Feigenbaumes mit Fruchtständen und Blättern, daneben eine halbierte Feige. – Südfrüchte gedeihen bei uns nicht, weil sie viel Wärme brauchen und gegen Frost empfindlich sind. Wegen ihres angenehmen Geschmacks sind sie sehr beliebt, wegen ihrer Vitamine sehr gesund. Teilweise stammen sie aus Entwicklungsländern, die auf die Hilfe der Länder angewiesen sind, die im Überfluss leben. In diesen armen Ländern leben zwei Drittel der Erdbevölkerung. ➡ Südfrüchte S. 230

Kaffee – Kakao – Tee
Kaffee: **1** Staude mit Blüte **2** Blüte, Frucht, halbierte Frucht, Bohnen **3** Kaffeebaum, Ernte **4** Vor dem Versand werden die Bohnen getrocknet und sortiert – *Kakao:* **5** Zweig und Blüte **6** Die oft 1 Pfund schwere Frucht enthält etwa 50 Samen: die Kakao-Bohnen **7** Öffnen, Trocknen **8** Rösten und Verpacken – *Tee:* **9** Strauch mit Blättern und Blüten **10** Ernte von Blättern und Blattknospen **11** Angewelkte Blätter werden gerollt, unter Tüchern zusammengehäuft, getrocknet, verpackt und verladen ➡ Tee, Kaffee, Kakao S. 232

Kartoffel
Eine Kartoffelstaude mit Blättern, geschlossenen und geöffneten Blüten und (giftigen!) Beerenfrüchten. Unter der Erde: rechts Saatkartoffel mit neuen Trieben, an der Staude links ist die Saatkartoffel abgestorben. An den unterirdischen Stängeln (nicht Wurzeln) wachsen die neuen Kartoffeln, die im Herbst geerntet werden. *Rechts oben:* Kartoffelkäfer (Coloradokäfer) mit zehn schwarzen Längsstreifen auf den Flügeldecken, daneben eine Larve und ein angefressenes Blatt.
➡ Kartoffel S. 218

Reis

Auf der Bambusmatte im Vordergrund liegend eine Rispe mit den Ährchen, die, von Spelzen umschlossen, die Reiskörner enthalten. – In der Schale gekochter Reis, darüber Essstäbchen, wie sie in Ostasien, besonders in China, anstelle von Löffel und Gabel verwendet werden. – Auf dem überschwemmten Feld werden die jungen Reispflanzen einzeln gesetzt, daneben und dahinter die Reisernte sowie das Herrichten eines Feldes für neue Pflanzungen. Im Hintergrund sind Reisfelder als bewässerte Terrassen. ➡ Reis S. 225

Getreide

Getreidepflanzen sind Gräser mit Früchten, die wir essen können. Sie haben eine spelzige Schale und einen mehligen Kern. Aus dem Mehl von Weizen und Roggen wird Brot gemacht, als Viehfutter werden Hafer, Gerste und Mais verwendet.

Außerdem dient Getreide für die Herstellung von Malz und Bier (Gerste), Schnaps (aus Roggen), Sirup, Traubenzucker und Kleber (Weizen, Reis, Mais).

1 Roggen **2** Weizen **3** Hafer **4** Gerste **5** Hirse

➡ Getreidepflanzen S. 214

Gewürze
Gewürze haben in ihren Wurzeln, Blättern, Früchten oder Samen besondere Stoffe, die den Geschmack der Speisen verbessern, die Lust zum Essen anregen und bei der Verdauung helfen.
Beliebte Gewürze sind: **1** Dill **2** Majoran **3** Liebstöckel **4** Kümmel **5** Paprika **6** Bohnenkraut **7** Borretsch **8** Rosmarin **9** Bibernell **10** Thymian **11** Lorbeerblätter **12** Gewürznelken (liegende Dose) **13** Kerbel. Über 5, 6, 7 liegt ein Busch Petersilie, zwischen 1 und 2 eine Muskatnuss. Über 8, 9, 10, 11 liegt Schnittlauch. Links von 8 Basilienkraut,

darunter Estragon und Senfsamen. Unter 9: Pfefferkörner, unter 13: Zimt.

Muskat, Pfeffer, Kümmel, Senf und Paprika sind Früchte oder Samen von Gewürzpflanzen, Petersilie und Lorbeer sind Blätter, Nelken sind Blütenknospen. Gewürze wie Dill, Schnittlauch oder Borretsch kann jeder in einem Blumentopf vor dem Fenster ziehen; übrigens, es macht Freude, die Pflanzen beim Wachsen zu beobachten – und die eigenen Gewürze schmecken am besten.

➡ Gewürzkräuter S. 214

Gartenblumen, Wiesenblumen
Wiesenblumen: **1** Löwenzahn (Kuhblume) **2** Storchschnabel **3** Spitzwegerich **4** Hornklee **5** Hopfenklee **6** Rotklee **7** Weißklee **8** Maßliebchen **9** Wohlriechende Wicke
Gartenblumen: **10** Tagetes **11** Dahlie **12** Nelke **13** Kapuzinerkresse **14** Löwenmaul **15** Gladiole **16** Sonnenblume (bis zu 4 m hoch) **17** Gartenwicke mit Knospen und Ranken **18** Gartenstiefmütterchen (Pensée) **19** Begonie (Schiefblatt) **20** Pelargonie **21** Herzblättrige Herbstaster **22** Fuchsie **23** Krokus **24** Maiglöckchen

25 Schneeglöckchen **26** Primel (Schlüsselblume) **27** Weiße Narzisse **28** Gelbe Narzisse (Osterglocke) **29** Hyazinthe **30** Tulpe
Außer Maiglöckchen und Primel sind dies Frühjahrsblumen, die vor den anderen Blumen sprießen. Sie speichern in Zwiebeln bzw. Knollen die Nahrung den Winter über, so dass sie dank dieses Vorrats unverzüglich im Frühjahr zum Vorschein kommen. Einjährige Gartenblumen sollte man regelmäßig und reichlich gießen, den umgebenden Boden hält man locker und frei von Unkraut. ➡ Blumen S. 211

Wiesenblumen, Waldpflanzen

Feldblumen: **1** Wiesenknopf **2** Wegwarte (wilder Zichorie) **3** Pfirsichblättriger Knöterich **4** Ackerdistel mit Samen **5** Zaunwinde **6** Sauerampfer **7** Trollblume **8** Hahnenfuß **9** Sumpfdotterblume **10** Vergissmeinnicht **11** Klatschmohn **12** Kornblume **13** Wiesenkerbel

Wiesenblumen: **1** Acker-Glockenblume **2** Aufgeblasenes Leimkraut **3** Wiesen-Flockenblume **4** Hirtentäschelkraut **5** Wiesen-Salbei **6** Gemeine Wucherblume (Margerite) **7** Acker-Witwenblume

Waldpflanzen: **8** Goldenes Frauenhaar, ein Moos mit schwarzen Stielen **9** Salomonsiegel (Weißwurz); ein giftiges Liliengewächs **10** Immergrün mit lederartigen Blättern **11** Buschwindröschen (Anemone) **12** Goldnessel (gelbe Taubnessel) **13** Waldmeister **14** Sauerklee **15** Waldveilchen **16** Ackerschachtelhalm **17** Wurmfarn, eine blütenlose Blattpflanze mit gefiederten Blattwedeln. ➡ Blumen S. 211

Pilze

Pilze gehören zu den sogenannten Sporenpflanzen, die keine Blüten entwickeln und sich auch nicht durch Samen vermehren, sondern durch staubfeine Sporen, die sich unbegrenzt ausbreiten können. Pilze sind daher allgegenwärtig, tief im Wasser wie im Staub der Luft und auf den höchsten Bergen. Die weiter entwickelten Pilze sind meistens Boden- und Holzbewohner; sie ernähren sich von anderen Pflanzen und entwickeln ihre oft verblüffenden Formen und Farben: märchenhaft der Fliegenpilz mit seinem leuchtenden Rot, dazu die verschiedenen

3

4

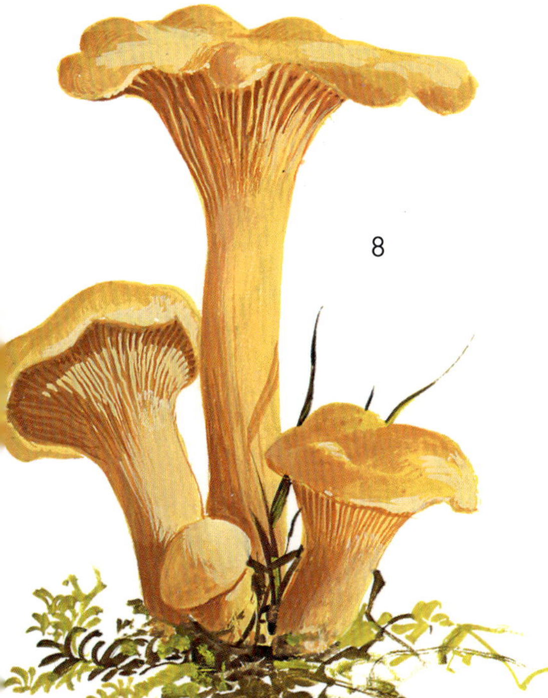

8

Saftlinge, die bunt gefärbt sind wie Papageien im Urwald; oder die Eierschwämme (Pfifferlinge) mit ihrem strahlenden Gelb. Von den verschiedenen Pilzarten sind etwa 40 essbar, viele andere jedoch sind den essbaren sehr ähnlich, dabei aber ungenießbar oder sogar hochgiftig. Pilzberatung durch Fachleute *(rechts unten)* ist daher äußerst wichtig. – **1** Der giftige Fliegenpilz **2** Der Trottoir- oder Stadtchampignon **3** Das Stockschwämmchen **4** Der Steinpilz **5** Der Größte Saftling **6** Die Speisemorchel **7** Der Echte Reizker **8** Der Pfifferling. Die Pilze 2–8 sind essbar. ➨ Pilze S. 224

Beeren, Sammelfrüchte

Die Beeren gehören zu den Früchten. In das saftige Fruchtfleisch sind mehrere Samen eingebettet. Farbe und Geruch der Beeren locken die Vögel an. Wenn diese dann die Beeren gefressen haben, scheiden sie die Samen bei der Verdauung an einer anderen Stelle aus. So sorgen sie bei den wild wachsenden Beeren für die weite Verbreitung.

Das Bild zeigt: **1** Wacholder **2** Erdbeerstaude mit Beeren, Blättern und Blüte sowie mit einem weit ausgreifenden Ableger, aus dem eine neue Staude herauswachsen wird **3** Stachelbeere

4 Himbeere **5** Johannisbeere mit hängender Fruchttraube. Früchte können rot, weiß oder schwarz sein **6** Brombeere mit Blüten **7** Heidelbeere **8** Hagebutte, die rote Scheinfrucht der wilden Rose **9** Holunder mit Blättern und Blüten.
Auf dem Bild sind 3, 5, 7, 9 echte Beeren.

Im Volksmund werden auch andere Früchte als Beeren bezeichnet, wovon das Bild ebenfalls Beispiele gibt: 1 sind Beerenzapen, 2 und 8 sind eigentlich Nüsse, genauer: Sammelnussfrüchte, 4 und 6 sind Sammelsteinfrüchte.

➡ Beeren S. 210

Laubbäume

1 Der Ahorn, ein aufstrebender Baum mit offenem Geäst, spitz ausgebuchteten Blättern und geflügelten Früchten **2** Die Eiche, ein Baum mit wuchtig breitem Stamm, gestreckten, ausgelappten Blättern und eiförmigen Früchten in Bechern (Eicheln) **3** Die Rosskastanie, ein Baum mit hochstrebenden Ästen und handförmigen, gleichmäßig gerippten Blättern. Die Früchte stecken in einer Stachelhülle **4** Die Linde, ein Baum mit regelmäßigen seitlichen Ästen, herzförmigen Blättern und einem Trageflügel für die reifen Früchte **5** Die Birke,

ein schlanker, leicht und hell wirkender Baum mit vielfach ausgezähnten Blättern und hängenden Blütenkätzchen **6** Die Rotbuche, ein schwerer, hochstämmiger Baum mit einer breiten Krone, glatten, gleichmäßigen Blättern und dreikantigen Früchten (Bucheckern) **7** Die Ulme (Rüster), ein hochragender, ungleich verästelter Baum mit gerippten, langgezähnten Blättern und geflügelten Nüsschen als Früchten **8** Die Pappel, ein hoher und sehr schlanker, schnell wachsender Baum mit Kätzchen, Flugsamen und unregelmäßig gewellten Blättern. ➡ Laubbäume S. 220

Nuss
Wir benützen das Wort *Nuss* auch für Steinfrüchte, Hülsenfrüchte oder Samen.
1 Walnuss, zwischen den Blättern der holzige Teil der Fruchtwand (links) und der Samen (rechts)
2 Haselnussblätter und Früchte, darunter herausgelöste Frucht mit Kern (Samen) **3** Kokosnuss; diese Steinfrucht wächst an der Kokospalme
4 Erdnuss, aufgeknackt, und Samen
5 Mandelbaumzweig mit Blättern und Früchten sowie Samen **6** Paranuss, Samen und Keimling.
➨ Nuss S. 223

Nadelbäume
Die Weißtanne *(links)* ist ein hoher Baum mit nahezu waagerecht ausgebreiteten, benadelten Ästen. Der Fruchtzapfen steht aufrecht, die Nadeln sind breit. Die Fichte *(Mitte)* ist ein schnell wachsender Baum mit regelmäßigen, leicht geschwungenen Ästen. Der Fruchtzapfen hängt herab, die Nadeln sind spitz. Die Bergkiefer (rechts) ist ein Baum mit geschwungenem, erst in der Höhe verästeltem Stamm und buschiger Krone. Der Fruchtzapfen ist sitzend, die Nadeln sind lang und biegsam.
➡ Nadelbäume S. 222

Urwaldpflanzen
In einem breiten Gürtel, nur von den Weltmeeren unterbrochen, ziehen sich nördlich und südlich des Äquators dichte Wälder rings um die Erde: der tropische Regenwald. Wir nennen ihn auch einfach Urwald oder Dschungel. Im feuchtwarmen Klima gedeihen hier üppige Wälder mit Bäumen aller Art und farbenprächtigen Orchideen wie auch eng verfilztes Dickicht von niederen Bäumen, Büschen, Ranken, Kräutern und Gräsern. Die größten Dschungelgebiete der Erde gibt es in Südamerika.
1 Der Gummibaum, aus dessen Saft Kautschuk

gewonnen wird **2** Die Papageienschnabelblume (Strelitzie) aus der Familie der Bananengewächse **3** Die Kindblattseerose (Victoria amazonica) zeichnet sich aus durch leuchtende Blüten und **4** Schwimmblätter, auf denen ein Baby Platz hätte **5** Auch die scharlachrote Heliconia ist mit der Banane verwandt **6** Der Cashewnussbaum stammt ursprünglich aus Indien und wurde wegen seiner saftigen Steinfrüchte in andere Länder verpflanzt **7** Der Melonenbaum (Papaya) trägt süße, fettreiche Früchte **8** Der Feigenkaktus ist in der Halbwüste zu Hause. ➡ Regenwald S. 226

Naturkräfte

Schön und mächtig ist die Natur. Sie zeigt uns manchmal lebende Bilder, die uns glücklich machen, wenn wir sie nur anschauen: den Regenbogen oder das Polarlicht.

Wenn aber Naturkräfte ungebändigt daherstürmen wie etwa bei einem wilden Unwetter, können sie Gefahr, Tod und Vernichtung bringen.

1 Das Nordlicht, als Polarlicht im Gebiet des Nordpols und Südpols zu sehen **2** Schnee im Hochgebirge **3** Sandsturm in der Wüste **4** Die Verheerungen, die ein Orkan angerichtet hat **5** Fata Morgana:

sie zeigt den Reitern in der Wüste ganz nahe ein Scheinbild, eine Oase, die in Wirklichkeit weit entfernt ist **6** Regenbogen nach einem Gewitter **7** Der Feuersturm eines Waldbrandes **8** Die Folgen eines Erdbebens **9** Blitze zucken über den Himmel **10** Nebel macht alles grau **11** Überschwemmung

12 Ein Erdrutsch läßt Straßen und Häuser absacken **13** Regen wird vom Wind gepeitscht **14** Der Wolkenschlauch einer Windhose **15** Die Lawine rast zu Tal und reißt alles mit sich **16** Ein Vulkan bricht aus: Felsbrocken zischen durch die Luft. Glühende Lava fließt abwärts.

Vom Leben der Tiere

Wer heute wie Noah vor der Sintflut die Tiere in einer Arche sammeln wollte, müsste ein ungeheures Fahrzeug benützen: es sind uns ungefähr 1,4 Millionen verschiedene Arten von Tieren auf der Erde bekannt; und viele noch unbekannt. Viele andere sterben aus, weil ihr Lebensraum von Menschen besetzt wird. Säugetiere sind uns besonders vertraut. Manche wurden dazu gebracht, schwere Arbeit zu leisten: Ochs, Pferd, Elefant.

Andere Tiere werden von Menschen zum Vegnügen oder einfach als freundliche Gesellen gehalten: Singvögel, Zierfische, Hunde, Katzen oder in China Grillen.

Vom Leben der Tiere

Bauernhof

Mitten in Feldern, Wiesen und Wäldern liegt der Bauernhof, links das Wohnhaus, rechts die Speicher und Ställe. Vor dem Haus der kleine Garten; hier wachsen Blumen, Büsche, Gemüse oder Gewürze. Im Sommer kommen Leute aus der Stadt gern zu Ferien auf einen solchen Bauernhof; Kinder können Tiere kennen lernen und mit ihnen leben, können herumrennen und unter den Büschen und Bäumen Entdeckungen machen. Brennholz ist an der Hauswand gestapelt. Auf den Wiesen weiden Rinder und Pferde. Die Schafe kommen nach

Hause, der Hund passt auf, wenn eines vorausläuft, und bellt. Der Traktor bringt auf dem Anhänger Feldfrüchte nach Hause; Enten folgen der Bäuerin zum Stall, denn dort gibt es Futter. Hühner picken Körner am Wegrand, daneben unterhält sich der Bauer mit dem Nachbarn und lobt seine schönste Kuh: er hält sie gerade am Strick. Ein Pferd schaut aus dem Stall. Schweine tummeln sich vor dem Koben. Tauben sind oben am Dach, dahinter ein Silo, man sieht gerade noch die Spitze: darin ist Futter für den Winter. Ja, und die Katze ist auch noch da – wo?

Pferde

1 Das Pferd ist eines der ältesten Haustiere, ursprünglich ein frei lebendes Steppentier. Das männliche Tier heißt Hengst, das weibliche Stute, junge Pferde bis zu einem Alter von drei Jahren nennt man Fohlen oder Füllen **2** Zu den Pferden im weiteren Sinn gehört das Maultier, das Junge von Eselhengst und Pferdestute, **3** sowie der Esel **4** Das Pony ist ein kleines Pferd; **5** das Zebra, auch Tigerpferd genannt, ist ein braun-weiß gestreiftes Wildpferd. – Das Pferd als Helfer und Gefährte des Menschen in verschiedenen Ländern

6

7

8

9

10

11

zu verschiedenen Zeiten: **6** Indianer zu Pferd mit festlichem Kopfschmuck **7** Ritter des Mittelalters beim Zweikampf zu Pferd (Turnier, 14. Jh.) – Römischer Rennwagen, von vier Pferden gezogen (Quadriga) **8** Fuchsjagd in England **9** Modernes Pferderennen: Trabrennen mit dem Sulky, einem zweirädrigen, gummibereiften Wagen; Galopprennen; Hindernisrennen **10** Verschiedene Figuren der Pferdedressur, weltberühmt ist die Dressur der Spanischen Hofreitschule in Wien mit ihren Lippizaner Hengsten **11** Cowboys und Araber zu Pferd. ➨ Pferd S. 224

Hunde
Hunde waren die ersten Haustiere der Menschen. Sie passen gut auf, helfen bei der Jagd, schützen Schafherden, folgen mit der Nase der Spur von Verbrechern, ziehen Schlitten durchs Eis, führen Blinde auf der Straße, schnüffeln nach Rauschgift oder leisten einem Menschen einfach Gesellschaft. Hunde können ganz verschieden aussehen: **1** Boxer, eine Dogge **2** Afghanischer Windhund; nur der Gepard rennt schneller **3** Chihuahua, der kleinste Hund der Welt **4** der gutmütige Bernhardiner **5** Dackel (Teckel) **6** Pudel **7** Foxterrier. ➡ Hund S. 216

Katzen

Die Katze ist ein eigenwilliges, verspieltes Haustier, anspruchslos zu halten und nützlich, weil sie Mäuse und Ratten vertilgt. Katzen sind Zehengänger, die Krallen können sie einziehen, ihre Beute überraschen sie durch Geduld beim Belauern und durch Anschleichen, denn ihr Gang ist fast unhörbar.

1 Tigerkatze **2** Dreifarbige Hauskatze
3 Russisch-Blau-Katze **4** Abessinierkatze
5 Siamkatze **6** Burmakatze **7** Perser-(Angora-)Katze
8 Schwarzfellige Hauskatze.

➡ Katze S. 218

Maus, Ratte

Die Maus *(in der oberen Bildhälfte)* ist ein kleines, flinkes Nagetier. Sie kommt in mehreren hundert verschiedenen Arten überall vor, wo es Menschen gibt. Die Maus wirkt zierlich, die Ratte im Vergleich dazu gedrungen und kräftiger. Ratten sind bräunlich grau bis braunschwarz gefärbt, an der Unterseite heller. Sie laufen rasch, klettern sehr gut, sogar an ziemlich glatten Wänden empor, schwimmen und tauchen meisterlich wie richtige Wassertiere. Mit den Schiffen kamen sie in alle Erdteile. ➡ Maus S. 221

Nagetiere
1 Im Baum sitzt ein Eichhörnchen auf dem Ast neben seinem kugelrunden Nest **2** Im Haselbusch wartet die Haselmaus vor ihrem ebenfalls kugeligen Nest **3** Feldhase mit den typischen langen Hinterbeinen. Er ist mit den Kaninchen, den Stallhasen, nicht verwandt **4** Auf und unter dem Stein ein Paar Murmeltiere **5** Hamster auf der Wiese Nahrung suchend und in der Vorratshöhle unter der Erde **6** Wühlmaus **7** Die Spitzmaus sieht aus wie eine Maus, gehört aber zu den Insektenfressern. ➡ Nagetiere S. 222

Maulwurf

Der Maulwurf ist sehr scheu und lebt unter der Erde. Er ist fast blind. Seine Wohnung ist eine rundliche Höhlung, von hier aus gräbt er viele Gänge in alle Richtungen. Dabei macht er Jagd auf Regenwürmer und Kerbtiere. Sein Hunger ist gewaltig, er frisst jeden Tag so viel, wie er wiegt. Außer dem Menschen hat er auch viele natürliche Verfolger: Marder, Iltis, Raubvögel und Störche lauern auf ihn über der Erde, Wiesel und Kreuzotter verfolgen ihn sogar in seinen unterirdischen Gängen.

➡ Maulwurf S. 221

Igel
Der Igel, dessen Rücken mit Stacheln und Borsten bedeckt ist, frisst Insekten, Mäuse und Schlangen. Auf dem Stein über ihm kriecht eine Gartenschnecke. In seiner rüsselförmigen Schnauze hält der Igel einen Regenwurm gepackt, vor ihm auf dem Erdboden ein Maikäfer, auf dem Rücken liegend, sowie eine Weinbergschnecke mit großem Gehäuse. Am Stein rechts außen eine Wegschnecke ohne Gehäuse, darunter kriecht ein Tausendfüßer, links davon eine Mauerassel. ➡ Igel S. 217

Tiere im Wald
Hirsche nennt man eine Familie von paarzehigen Huftieren, die einen kurzen Schwanz haben und bei denen die Männchen meist ein Geweih tragen. Sie leben vor allem in Waldgebieten.
1 Eine Rentierherde in der Tundra von Lappland
2 Ein Ren mit dem ausladenden, breit verzweigten Geweih. Auch die Weibchen haben ein Geweih
3 Im Vordergrund ein Elch mit schwerem, schaufelförmigem Geweih, langer Schnauze und überhängender Oberlippe **4** Rothirsch mit breitem, spitz auslaufendem Geweih **5** Damhirsch mit

zurückgezogenem Geweih und rotbraunem, weißgeflecktem Fell. – Im Vordergrund eine Rehfamilie: **6** der Rehbock mit Gehörn, die Rehgeiß (Ricke) und das Junge mit getupftem Fell (Rehkitz, Rehkalb). Eines der Jungen ist im halbhohen Gras fast unsichtbar. Das Geweih ist ein Knochenauswuchs, es wird jedes Jahr abgeworfen. Das neu heranwachsende Geweih ist mit einer pelzigen Haut überzogen, die viele Blutgefäße hat.
Das Blut transportiert das Gewebematerial für den wachsenden Geweihknochen.

➡ Hirsche S. 215

Hundeartige Raubtiere
Hundeartige Raubtiere haben meist große Jagdreviere, die sie auf der Suche nach Beute durchstreifen. Oft leben sie in Rudeln und gehen gemeinsam auf die Jagd. **1** Wölfe in Sibirien auf der Jagd nach Beute, ein Wolf hat ein Schneehuhn erspäht und will es packen **2** Vier junge, verspielte Füchse (Welpen) in ihrem Fuchsbau, davor schnürt die Füchsin (Fähe) mit unendlicher Vorsicht durch das Gras und geht auf Beute aus **3** Zwei verschiedene Hyänen, *links* die struppige Fleckenhyäne (Tüpfelhyäne), *rechts* die langhaarige Streifenhyäne. Beide Tiere

haben kräftige Backenzähne, mit denen sie auch die Knochen sehr starker Tiere zermalmen können. Sie erreichen etwa die Größe von Schäferhunden und kommen in den Wüsten und Steppen von Afrika und Kleinasien bis nach Indien vor
4 Präriewolf (Coyote) aus den Steppen Nordamerikas

5 Fennek (Großohrfuchs, Wüstenfuchs), ein Raubtier der nordafrikanischen Wüsten. Die Springmaus (rechts unten) ist ein Beutetier des Wüstenfuchses. Sie ist ein langschwänziges Nagetier, das sich mit den langen Hinterbeinen hüpfend fortbewegt.
➡ Hundeartige Raubtiere S. 217

Marder
Das Wort bezeichnet nicht nur den Marder selbst, sondern umfasst eine Familie von kleinen, sehr wendigen Raubtieren.
1 Der Baummarder, ein vorzüglicher Kletterer
2 Das Hermelin (Großes Wiesel) im Winterkleid
3 Der Iltis (Ratz), der auf Ratten, Mäuse und andere Kleintiere Jagd macht **4** Der Dachs. Den unterirdischen Dachsbau benützt auch der Fuchs gern
5 Der Fischotter. Nachts fängt er Fische und andere Wassertiere **6** Das Zwergwiesel, ein flinkes, leises kleines Raubtier. ➡ Marder S. 220

Biber
Biber sind große Nagetiere, die am Wasser leben. Sie hausen in Höhlen am Ufer oder errichten „Burgen" (bis zu 3 m hoch) aus Baumstämmen, Ästen, Schlamm und Steinen. Mit seinen scharfen Meißelzähnen kann ein Biber mannsdicke Baumstämme mühelos zerschneiden. Sein Leib ist plump und stark, der Rücken gewölbt und sichtlich dicker als der Kopfteil. Die Schnauze ist kurz und stumpf, die Nasenlöcher können durch wulstige Nasenflügel geschlossen werden. Das Fell besteht aus dichten, flockigen, seidigen Wollhaaren. ➡ Biber S. 210

Alpen

Die Alpen sind das mächtigste Hochgebirge Europas, ihr höchster Gipfel, der Montblanc, ist 4810 m hoch. Bis zu einer Höhe von 2000 m reicht die Pflanzendecke, bis zu 1700 m gedeihen noch Bäume, die höchsten Bergspitzen sind mit ewigem Schnee bedeckt. Alpenpflanzen müssen in der kurzen schneefreien Zeit des Hochsommers zu Blüte und Samenreife kommen. Viele Alpenpflanzen sind so schön und selten, dass es unter Strafe verboten wurde sie zu pflücken oder auszugraben und mitzunehmen. Auch die Alpentiere haben sich dem Gebirge angepasst.

Sie sind genügsam und gute Kletterer. Ihr Winterfell schützt sie gegen Kälte. **1** Steinadler **2** Horst des Steinadlers mit Jungvögeln **3** Gemse **4** Alpendohle **5** Tannen **6** Alpensteinbock, schon seit langem sehr selten geworden **7** Mufflon. Dieses europäische Wildschaf finden wir inzwischen nur noch in den Felsenbergen von Korsika und Sardinien **8** Hirsch **9** Alpeneidechse **10** Edelweiß **11** Enzian **12** Frühlingsenzian **13** Alpen-Mannstreu **14** Alpenrose **15** Türkenbund **16** Küchenschelle **17** Silberwurz **18** Alpensalamander **19** Murmeltiere vor ihrer Höhle **20** Fichten.

Kriechtiere

Dieses Bild zeigt Beispiele von unterschiedlichen Kriechtieren: Schildkröten *(1, 13)* und Schuppenkriechtiere *(2, 4, 5, 7, 10, 11, 14, 15, 18)*; zu diesen gehören auch die Schleichen *(8, 16)* und Schlangen *(3, 6, 9, 12, 17, 19)*.

1 Die Elefanten-Schildkröte, Gewicht 100 kg **2** Der Komodo-Waran ist mit mehr als 3 m Länge die größte Echse **3** Korallenschlange **4** Die Meerechse, ein sehr großer Leguan **5** Die giftige dickschwänzige Krustenechse ähnelt dem Feuersalamander **6** Die giftige Brillenschlange (Kobra) richtet sich bei

Gefahr auf **7** Radfahrer-Eidechse **8** Erzschleiche **9** Würfelnatter **10** Gecko **11** Basilisk **12** Die Felsenpython gehört zu den Riesenschlangen, Länge 10 m **13** Griechische Landschildkröte **14** Grüner Leguan **15** Agamen finden wir in den asiatischen und afrikanischen Wüsten **16** Die Blindschleiche gehört zu den Echsen und kann mit ihren goldgelben Augen gut sehen **17** Die giftige Klapperschlange rasselt bei Gefahr mit ihrer Schwanzspitze **18** Chamäleon **19** Die Königsschlange (Boa constrictor) aus Südamerika gilt als eine der schönsten Schlangen, Länge 5 m. ➡ Reptilien S. 226

Reptilien

Die etwa 6000 verschiedenen Arten von Kriechtieren haben, auch wenn sie zusammengehören, äußerlich wenig Gemeinsames: die einen haben einen rundlichen, andere einen abgeplatteten Körper, wieder andere sind wurmförmig gestreckt, die einen kriechen ohne Füße, die anderen sind gepanzerte Vierbeiner. Alle atmen durch Lungen. Mit Ausnahme der Landschildkröten sind die Reptilien Fleischfresser. Sie sind nur rege, wenn es warm ist. Bei Kälte fallen sie in eine Trocken- oder Winterstarre. Die meisten Kriechtiere

kommen deshalb auch in den warmen Ländern vor. Die größten, schon lange ausgestorbenen Kriechtiere waren die Saurier in der Vorzeit. Die vier hauptsächlichen Ordnungen der Kriechtiere sind: die Brückenechsen, die Schildkröten, die Krokodile und die Schuppenkriechtiere.

1 Australische Kragenechse **2** Meerechse (Leguan)
3 Chamäleon mit hervorgeschnellter Fangzunge
4 südamerikanischer Grüner Leguan
5 Nilkrokodil **6** Griechische Landschildkröte
7 Brillenkaiman **8** Gecko **9** Smaragd-Eidechse.
➨ Reptilien S. 226

Wüste

Wüsten sind große unfruchtbare Gebiete. Hier zu leben ist hart, denn sie sind wasserarm, am Tag sehr heiß und nachts ebenso kalt. Trotzdem gibt es viele Tiere und Pflanzen, denen es gelingt zu überleben; nicht nur Käfer, Skorpione, Echsen und Schlangen, sondern auch Vögel und Säugetiere haben sich im Lauf der Zeit an die vorhandenen Möglichkeiten angepasst. Kleinere Wüstentiere bleiben am Tag unter der Erde und entgehen so der Hitze. Ihre Höhlen verlassen sie, wenn die Sonne untergeht; dann suchen sie Nahrung. Bevor es

aber zu kalt wird, kehren sie in ihren Bau zurück.
1 Felslandschaft am Rand der Sandwüste (Hoggar)
2 Kamelkarawane **3** Palmen-Oase **4** Tahla-Baum
5 Wasserstelle mit Schöpfbrunnen, ruhendem Dromedar sowie Reitdromedar mit Wasserbehälter
6 Wüstensafari mit dem Jeep **7** Oase

8 Dorkasgazellen **9** Dorha-Strauch
10 Wüstenspatz **11** Sandviper **12** Kleinsäuger
13 Tausendfüßer **14** Wüstenspringmaus
15 Wüstenfuchs (Fennek) **16** Wüstenwanderheuschrecke **17** Skorpion **18** Apothekerskink

➡ Wüste S. 236

Afrikanische Steppe

Die Tierwelt in der afrikanischen Steppe ist vielfältig und voller Überraschungen. Sie wird jeden Tag kleiner. Die Menschen nutzen den Boden für Ackerbau und Viehzucht: so schrumpft der Lebensraum für wild lebende Tiere. Andere Tiere wie die Elefanten werden rücksichtslos gejagt und geschossen, weil das Elfenbein ihrer Stoßzähne wertvoll ist. Das Bild zeigt den schneebedeckten Kilimandscharo im Nordosten von Tansania, der aus drei Vulkanen zusammenwuchs, und darunter Tiere und Pflanzen der Steppe.

1 Afrika-Waldstörche (Nimmersatte) **2** Sperbergeier **3** Schirmakazie **4** Gaukler (Jungvogel) **5** Leopard **6** Zebra **7** Nashorn **8** Strauß **9** Gnu **10** Kronenkranich **11** Giraffe **12** Elefant **13** Marabu **14** Impala **15** Eritrea-Spießbock **16** Kaffernbüffel **17** Zebra **18** Giraffengazelle **19** Löwe **20** Gepard **21** Pelikan **22** Nilpferd **23** Sekretärvogel **24** Krokodil **25** Rosa Flamingo **26** Kudu **27** Braune Hyäne **28, 29** Wüstenspringmaus und Fennek sind teils in der Steppe, teils in der Wüste zu Hause. ➡ Steppe S. 230

Tiere im Regenwald
Die Urwälder Afrikas *(1, 3, 5, 7)*, Indiens *(5, 12, 13, 17, 18, 19)*, Mittel- *(2, 4)* und Südamerikas *(4, 6, 8, 9, 10, 11, 20, 21)* mit den angrenzenden Steppen und Savannen gehören zu den letzten Gebieten unserer Erde, wo Tiere und Pflanzen noch ursprünglich wachsen und gedeihen. Ihr Gebiet wird aber jeden Tag kleiner.
1 Gorilla, größter Menschenaffe **2** Wickelbär, Kleinbär mit langem Schwanz **3** Mausmaki, Halbaffe **4** Faultier, träge lebendes Baumtier **5** Schlanklori, großäugiger Halbaffe **6** Jaguar,

große gefleckte Raubkatze **7** Schimpanse, Menschenaffe **8** Wasserschwein, größtes Nagetier **9** Ameisenbär, Säugetier mit Fangzunge **10** Flaggensylphe, ein Kolibri **11** Tukan, großer bunter Spechtvogel, Wahrzeichen dieses Buches **12** Gibbon, kleiner Menschenaffe

13 Palmenhörnchen, Nagetier **14** Orang-Utan, gewaltiger Menschenaffe **15** Ara, Papagei **16** Tamandua, Ameisenbär **17** Katta, Halbaffe **18** Nashorn **19** Tiger, gestreifte Großkatze **20** Schienenschildkröte **21** Gürteltier, nächtliches Säugetier. ➨ Regenwald S. 226

Katzenartige Raubtiere

Die Katzen bilden eine große Tierfamilie, zu der die wild lebenden Großkatzen, aber auch die verschiedenen Formen von Hauskatzen gehören. *Linke Seite:* **1** Indischer Königstiger auf der Jagd. **2** Der Serval, die Wildkatze der Steppen in Afrika **3** Der Ozelot, auch Pantherkatze genannt, eine Wildkatze aus Südamerika **4** Eine Löwenfamilie: aufgerichtet und mit Mähne das Männchen, die Löwin ohne Mähne, bei ihr die Jungen mit leicht geflecktem Jugendkleid. Löwen gibt es heute nur noch in Teilen von Afrika und Indien.

Rechte Seite: **5** Wildkatze im Baum **6** Der Panther oder Leopard, eine getupfte Großkatze in Asien und Afrika **7** Der Puma, auch Silberlöwe, Berglöwe oder Kuguar genannt, eine Großkatze in Amerika **8** Der Jaguar, eine gefleckte Großkatze in Südamerika, die dem Panther ähnelt **9** Der Luchs, eine selten gewordene Raubkatze, die heute nur noch in Nordeuropa, Sibirien und im Norden Amerikas vorkommt **10** Der Gepard, schwarz-gelb gefleckt, lebt in Afrika und Asien.

➨ Katzenartige Raubtiere S. 218

Tundra

In der Kältesteppe (Tundra) und den Bergen und Küsten am Eismeer haben sich Tiere und Pflanzen der eisigen Umwelt angepasst. **1** Der gelblich weiße Eisbär **2** Raufußbussard, mit abgerundeten Flügeln **3** Wildgänse fliegen als Zugvögel bis nach Nordafrika **4** Lärchen sind anspruchslose Nadelbäume **5** Schnee-Eule **6** Schneehuhn **7** Schneehase **8** Schneefuchs: Sie alle haben sich in Farbe, Federkleid und Fell deutlich ihrer Umgebung angepasst **9** Der mächtige Braunbär **10** Lemminge sind Wühlmäuse, die sich in

warmen Jahren gewaltig vermehren **11** und **14** Fichten **12** Der Bison ist nahezu ausgerottet worden **13** Der Moschusochse lebt herdenweise in der Tundra und auf den Polarinseln **15** Adler **16** Der grauschwarze Wolf ähnelt dem Schäferhund **17** Der Puma (Silberlöwe), eine Wildkatze, ist in der Jugend gefleckt, später rötlich grau **18** Das Ren (Rentier) bewohnt die Tundragebiete rund um den Nordpol **19** Der rotbraune Präriehund ist ein Nagetier (Hörnchen) mit bellender Stimme und buschigem Schwanz; als Wohnung gräbt er tiefe Höhlen. ➡ Tundra S. 232

Eismeer

Das Leben auf der Erde entfaltet sich in vielen unterschiedlichen Formen. Wir unterscheiden: das *Pflanzenreich* mit etwa 600000 verschiedenen Pflanzen sowie das *Tierreich,* wo wir heute mit etwa 1,5 Millionen verschiedenen Arten rechnen. Tiere und Pflanzen passen sich dem Lebensraum an, wo sie zu Hause sind.
Die Tiere eines besonderen Lebensraums, vor allem am nördlichen und am südlichen Eismeer, zeigt das Bild:
1 Seeschwalbe: Möwenvogel mit gegabeltem Schwanz
2 Albatros, der schnelle Sturmvogel der südlichen Weltmeere **3** Silbermöwe **4** Pottwal; er kann bis zu

900 m tief tauchen **5** Grönlandwal, lebt im nördlichen Eismeer **6** Blauwal, der größte Säuger, den wir heute kennen; ernährt sich von Unmengen Krill, das sind winzig kleine Krebse **7** Trottel-Lummen, dahinter in den Klippen Kolonien von Brutvögeln **8** Brütender Kormoran **9** Papageitaucher **10** Tordalk **11** Seehund, eine Robbe mit einem hundeähnlichen Kopf und Hinterflossen, die mit Krallen bewehrt sind **12** Lach-Seeschwalbe. *Arktis* nennen wir das Meer und die Landgebiete rings um den Nordpol; die *Antarktis* ist das große, von mächtigen Eisschichten bedeckte Landgebiet, in dessen Mitte der Südpol liegt. ➨ Meer S. 221

Wale

Wale sind Meeressäugetiere. Sie atmen durch Lungen und bringen lebende Jungen zur Welt.

1 Delphine springen leicht und wie im Spiel aus dem Wasser. Sie gehören zu den Zahnwalen. Ihre Heimat ist das Mittelmeer und der Atlantische Ozean

2 Buckelwal. Er hat einen niederen, buckelförmigen Rücken, seine Brustflosse kann 4 m lang werden. Und er kann singen. Damit verständigen sich die Tiere auch über weite Entfernungen

3 Blauwal. Nach allem, was wir wissen, ist er das größte Säugetier, das jemals auf der Erde lebte.

Er wird 25–32 m lang, mehr als 140 t schwer und lebt vor allem im nördlichen und südlichen Eismeer
4 Narwal. Dieser Gründelwal der arktischen Meere fällt vor allem durch seinen Stoßzahn auf
5 Schwertwal. Er ist ein kühner und gewandter Räuber aus der Familie der Delphine

6 Pottwal. Seine Familie sind die Zahnwale. Auffallend ist die Blaswolke aus Wasserdampf, die er beim Auftauchen durch die Nase ausstößt. Pottwale leben gern in Rudeln
7 Taucher im wasserdichten Neopren-Anzug.
➡ Wal S. 233

Flussfische

Fische leben nur im Wasser, in allen Meeren, Flüssen, Seen, Bächen und Teichen der Welt. Ihr Körper ist glatt, gestreckt, abgeplattet oder rund und wird angetrieben durch Schläge mit dem Schwanz oder durch Rudern und Wedeln mit den Flossen. Oft finden sie sich zu großen Schwärmen zusammen, vor allem auf dem Meer. Nach der Art des Körpergerüstes (Skelett) unterscheidet man einerseits Knochenfische, bei denen das Skelett verknöchert ist, andererseits Knorpelfische, bei denen das Skelett knorpelig

geblieben ist. Je nachdem, wo die Fische vorkommen, spricht man auch von Fluss- und Seefischen.
1 Äsche (der Asch), eine mitteleuropäische Lachsart
2 und **3** Forellen, Raubfische aus der Gattung Lachs, links eine Bachforelle, rechts eine Regenbogenforelle
4 Felchen, der vor allem in großen Seen vorkommt

5 Hecht, ein großer europäischer Süßwasserraubfisch **6** Karpfen **7** Barsch, der in Süß- und Salzwasser vorkommt **8** Wels (Katzenfisch), der ruhige Gewässer mit schlammigem Grund bevorzugt **9** Flussmuschel **10** Süßwasserkrebs.
➨ Fische S. 213

Fische, Meerestiere
1 Fliegende Fische **2** Schwertfisch **3** Teufelsrochen **4** Hornhecht **5** Stör **6** Blauhai **7** Hammerhai **8** Dorsch **9** Sprotte **10** Weißer Thunfisch **11** Heringe **12** Lachs **13** Meeresschildkröte **14** Medusen oder Quallen **15** Heilbutt **16** Rotbarsch **17** Sardine **18** Meeraal **19** Nagelrochen **20** Flunder **21** Makrele. – Am Meeresboden sehen wir von links nach rechts: Einsiedlerkrebs, ein Krebs, der seinen gewundenen, weichen Hinterleib in leere Schneckenschalen steckt und diese Behausung mit sich herumträgt – Der Hummer ist ein

Zehenfußkrebs mit gewaltigen Scheren – Garnelen, schlanke und grazile Krebstiere – Taschenkrebs (Krabbe) – Seestern – Languste – rechts darunter Seeigel und Seeschnecken – Krake aus der Ordnung der Tintenfische mit sackförmigem Körper und langen Greifarmen – darüber Schlangenstern und Seepferdchen, darunter Seeanemone. – Das Seepferdchen ist ein Fisch, der aufrecht schwimmt. Er lebt an den Küsten in Westeuropa, am Mittelmeer und am Schwarzen Meer zwischen Algen und Seegras. – Die Seeanemone ist keine Pflanze, sondern ein fest sitzendes Tier. ➡ Fische S. 213

Zierfische

Zur Freude an ihren sanften Bewegungen, ungewöhnlichen Formen und leuchtenden Farben werden bestimmte, meist kleine Fische im Aquarium gehalten. Dieser Wasserbehälter aus Glas soll einen hellen Platz haben und am Boden mit Flusssand und Moorerde gefüllt sein. Die Besetzung mit Tieren und Pflanzen richtet sich nach dem verfügbaren Raum und nach der Wassertemperatur; Wärme, Belüftung und Heizung muss man gewissenhaft kontrollieren. Das Bild zeigt typische Aquariumfische; das heißt aber nicht, dass sie alle im gleichen Gefäß zu halten sind.

1 Argusfisch **2** Schmucksalmler **3** Gürtelbarbe **4** Feuerschwanz **5** Piraya **6** Spritzsalmler **7** Segelflosser (Skalar) **8** Zwergkärpfling **9** Zebrabärbling **10** Trauermantelsalmler **11** Goldfisch: Kometenschwanz **12** Goldfisch: Schleierschwanz **13** Black molly **14** Schrägschwimmer **15** Neonsalmler **16** Punktierter Fadenfisch **17** Keilfleckenbärbling **18** Schleierkampffische **19** Panzerwels **20** Schwertträger.
In Zoologischen Gärten oder Naturkundemuseen gibt es große Aquarien, in denen man seltene und bekannte Fische und andere Meerestiere und -pflanzen hinter Scheiben besichtigen kann. ➡ Zierfische S. 236

Teich
Am Ufer sanft ziehender Flüsse, an stillen Seen oder an Teichen und Tümpeln entsteht eine besondere Lebensgemeinschaft von Pflanzen und Tieren, die man in Mitteleuropa noch gut beobachten kann.
1 Schwimmwanze **2** Wasserpest **3** Raues Hornblatt **4** *links* ausschlüpfende Schönjungfer, eine Libelle. Die im Wasser lebende Larve kriecht vor dem Ausschlüpfen an einem Schilfstängel hoch, an dem nach dem Schlüpfen nur die Larvenhaut hängenbleibt, *rechts* Schönjungfer (vgl. Libelle)
5 Posthornschnecke (vgl. Tellerschnecke)

6 Erbsenmuschel **7** Köcherfliegenlarve mit Gehäuse **8** Dichtblättriges Laichkraut **9** Teichmolch **10** Wasserläufer **11** Plattbauchlibelle **12** Wasserskorpion **13** Rückenschwimmer **14** Plattbauchlarve **15** Tellerschnecke (Gehäuse) **16** Kolbenwasserkäfer **17** Teichlinse **18** Seerose **19** Eintagsfliege **20** Schlammschnecke **21** Frosch **a** Froschlaich (Eier) **b, c, d, e, f** Entwicklung der Kaulquappe (Froschlarve) **22** Königslibelle **23** Wasserspinne **24** Wasser-Hahnenfuß mit Nest der Wasserspinne (links unten) **25** Schilf.

➡ Teich S. 231

Käfer

Von links nach rechts sehen wir: *Erste Spalte:* Lederlaufkäfer – Goldlaufkäfer – Puppenräuber – Maikäfer. *Zweite Spalte:* Weidenbock – Rosskäfer – Marienkäfer – Glatter Blattkäfer – Pappelblattkäfer. *Dritte Spalte:* Junikäfer – Brauner Laubschnellkäfer – Grüne Wanze – Moschusbock – Maikäfer fliegend. *Vierte Spalte:* Pappelwickler – Fichtenlappenrüssler – Haselnusswickler – Großer Johanniskäfer – Bücherbohrer. *Fünfte Spalte:* Hirschkäfer – Blauer Maiwurm – Gelbrandkäfer (im Glas) – Möbelbohrer (im Holz). ➡ Käfer S. 218

Schmetterlinge
Diese wunderschönen Insekten sind auf der ganzen Erde verbreitet, nur in der Eiswüste nicht.
1 Zitronenfalter **2** Schwarz gefleckter Blauling oder Randpunkt **3** Admiral **4** Großer Kohlweißling. Auf dem Kohlblatt Eier und Raupe, links daneben die Puppe **5** Totenkopf **6** Feuervögelchen **7** Nachtpfauenauge **8** Aurorafalter **9** Tagpfauenauge **10** Taubenschwanz **11** Rotes Ordensband **12** Schwalbenschwanz mit Raupe und Puppe. ➡ Schmetterlinge S. 228

Biene
Oben: Von Blumen, Obstblüten und Klee sammelt die Biene (Arbeiterin) Blütenstaub (Pollen, gelbe „Höschen" beachten) und Blütensaft (Nektar). *Mitte:* Wabe mit sechseckigen Zellen, in denen sich die Bienen aus Eiern entwickeln und worin Honig gesammelt wird. *Daneben:* Entwicklung einer Biene. Die Königin legt ein Ei, daraus kommt die Made, sie entwickelt sich zur Larve, aus ihr entsteht die Puppe: die geflügelte Biene schlüpft aus. *Rechts:* Königin, Arbeiterin, Drohne. *Unten:* Bienenschwarm – Bienenhaus – Imker. ➨ Biene S. 210

Ameise
Ameisen sind Insekten, die oft zu vielen Zehntausenden in einem Bau zusammenleben, für den sie unterirdische Gänge graben und über der Erde aus Pflanzenteilen und Bodenkrumen einen Haufen auftürmen. Hier sehen wir einen Ameisenhaufen gewissermaßen aufgeschnitten: Oben im Wald sind Ameisen auf der Suche nach Nahrung und Baumaterial. In den Quergängen liegen versponnene Puppen (Ameiseneier) und Puppenlarven. Ganz unten ist die Ameisenkönigin beim Eierlegen. ➡ Ameise S. 209

Greifvögel, Eulen

Greifvögel haben einen kräftigen Hakenschnabel und scharfe Greifkrallen. Sie jagen meist lebende Beute, es gibt unter ihnen aber auch Aasfresser. Unter den meisten Greifvögeln wird das Weibchen größer als das Männchen. Bei der Jagd schweben sie fast ohne Flügelschlag in der Luft, mit ihren scharfen Augen sind sie imstande, ihre Beute auch aus sehr großer Höhe zu erspähen. Es gibt zwei Ordnungen: die Tagraubvögel oder Greifvögel und die Nachtraubvögel oder Eulen. Beide sind aber nicht miteinander verwandt. Eulen sind bei uns

unter Schutz gestellt. **1** Wanderfalke, nach Beute ausspähend **2** Kondor, ein mächtiger Geier **3** Mäusebussard aus der Familie der Falken **4** Fischadler mit Beute **5** Uhu aufrecht auf dem Gemäuer, ein Nachtraubvogel **6** Habicht, am Nest die hellflaumigen Jungvögel fütternd

7 Schleiereule **8** Steinkauz (Käuzchen). Beide Tiere sind ebenso wie der Uhu Nachtvögel. Sie gehören zur Familie der Eulen, sehen und hören ausgezeichnet und fliegen fast geräuschlos, wenn sie ihre Beute, vor allem Mäuse, aufspüren, verfolgen und erlegen. ➡ Greifvögel S. 214

Rabe

Raben haben starke Schnäbel und kurze bis mittellange Flügel. Sie sind Allesfresser und nisten recht häufig in Bäumen, Mauer- oder Felsspalten. In altem Mauerwerk oder an Türmen leben bei uns vorzugsweise Dohlen; sie sind richtige Stadtvögel geworden. Die Stimmen der Raben sind meist rau und krächzend. Außer auf Neuseeland findet man Raben auf der ganzen Erde. **1** Auf dem Pfahl eine Elster **2** Auf dem Stamm ein Eichelhäher mit Eichel im Schnabel **3** Rabenkrähe **4** Kolkrabe **5** Dohle. ➡ Raben S. 225

Kuckuck
Der Kuckuck ist ein europäischer Zugvogel, der den Winter in Afrika verbringt. Er brütet nicht selbst, vielmehr legt das Weibchen seine Eier anderen Vögeln ins Nest, die sie ausbrüten. Die Pflegeeltern des jungen Kuckucks sind verschiedene Singvogelarten. Sogar der kleine Zaunkönig kann einen Kuckuck aufziehen. Auf dem Bild oben ein Kuckuck mit dem Ei im Schnabel, unten ein junger Kuckuck im Nest einer Mönchsgrasmücke. ➡ Kuckuck S. 219

Singvögel
Singvögel gibt es in sehr vielen und sehr verschiedenen Arten; weil sie stark entwickelte Stimmwerkzeuge haben, können sie laut und schön singen, während andere Vögel piepsen und zwitschern. Aber nur die Männchen stimmen die Lieder an; sie verkünden damit, dass ihnen ein bestimmtes Gebiet gehören soll. Gleichzeitig locken sie auch das Weibchen an. Singvögel leben gern auf Bäumen und in Sträuchern; einige nennt man nach ihrem Nistplatz auch Höhlenbrüter, dazu gehören die Meisen und die Stare. Sie brüten in

Baumhöhlen oder Mauerlöchern, ernähren sich von Raupen und Larven und sind daher sehr nützlich; man sollte sie schützen, wo man nur kann.
1 Teichrohrsänger, die Jungvögel im Nest fütternd **2** Stieglitz im Flug **3** Rotkehlchen **4** Blaumeise **5** Singdrossel **6** Zaunkönig **7** Buchfink **8** Rauchschwalbe im Nest mit Jungvögeln **9** Sperling **10** Star **11** Eisvogel mit gefangenem Fisch; dieses schön gefärbte Kerlchen ist kein Singvogel, sondern nistet nur in ähnlichen Gebieten wie der Teichrohrsänger **12** Bachstelze **13** Lerche **14** Amsel mit Regenwurm. ➡ Singvögel S. 228

Huhn, Hühnervögel
Linke Seite: Haushühner vor dem Stall.
In der Bildmitte ein Hahn mit rotem Kamm und farbenprächtigem Gefieder, daneben die Henne mit drei jungen Hühnern (Küken). Im Hühnerstall ein Nest mit Eiern.

Rechte Seite: **1** Männliches Birkhuhn in sumpfiger Landschaft, gut zu erkennen am gegabelten Schwanz
2 In der gleichen Gegend kommt auch die Waldschnepfe vor, die nicht zu den Hühnervögeln gehört
3 Der Fasan, ein Hühnervogel, der aus Asien stammt. Der Goldfasan mit goldrotem Gefieder und der

Silberfasan (nicht abgebildet) mit schneeweißem Rücken bei schwarzer Unterseite werden als Ziervögel gehalten **4** Die Wachtel, ein Zugvogel aus Europa, der in Afrika überwintert
5 Das Rebhuhn, ein erdfarbener Hühnervogel aus der Familie der Fasane **6** Das männliche Auerhuhn (Auerhahn), das größte Waldhuhn Europas.
Bei den Hühnervögeln sind die männlichen Tiere meist größer und prächtig gefärbt, die Weibchen haben unscheinbare Tarnfarben.
➨ Hühnervögel S. 216

Wasservögel 1

Wasservögel im engeren Sinn sind Vögel mit Schwimmfüßen: die Ruderfüßer, die Sturmvögel, die Pinguine, die Taucher, die Zahnschnäbler, die Alken, die Möwen und manche andere. Im weiteren Sinn bezeichnet man als Wasservögel jene Vögel, die am Wasser und im Wasser leben, etwa die Schnepfenvögel und die Regenpfeifervögel oder die Reihervögel. Ihr Körper ist ähnlich wie ein Kahn gestaltet, so dass sie gut und schnell schwimmen können, und ihr Federkleid kann durch ein besonderes Fett das Wasser abstoßen.

Einige Wasservögel aus unserer Heimat und aus der weiten Welt zeigen die beiden Bilder auf dieser und auf der nächsten Seite.
1 Brütender Prachttaucher **2** Blesshuhn-Pärchen **3** Pelikane im Flug – Pelikan am Ufer mit einem erbeuteten Fisch **4** Stockenten im Flug – Stockente am Ufer, davor im Wasser Jungvögel schwimmend **5** Albatros **6** Mandarinente **7** Graugänse im Flug – Graugans am Ufer **8** Lachmöwe **9** Höckerschwan im Nest mit zwei Jungvögeln – ein Schwanenpaar fliegend **10** Schwarzer Schwan schwimmend. ➨ Wasservögel S. 235

Wasservögel 2
1 Heiliger Ibis im Nest **2** Flamingo am Ufer auf Nahrungssuche – Flamingos mit gestrecktem Hals und abgespreizten Beinen im Flug
3 Große Rohrdommel, im Nest im Schilfdickicht brütend
4 Indischer Marabu mit ausgebreiteten Schwingen, die Flügelspannweite kann bis zu 3 m betragen
5 Ein fliegender Seidenreiher setzt zur Landung an
6 Säbelschnäbler bei der Nahrungssuche im seichten Wasser **7** Der Flussregenpfeifer, ein Zugvogel, der im tropischen Afrika und Asien überwintert

8 Der Kiebitz, der vor allem sumpfige Gegenden liebt
9 Der Löffler gehört zu den Ibisvögeln
10 Der kurzschnäbelige Kronenkranich, den man in unserer Heimat fast nur noch in Naturschutzgebieten antrifft, baut sein Nest in Bäumen
11 Der Schuhschnabel, ein taubengrauer Stelzvogel mit massigem Leib; sein Schnabel erinnert an einen Holzschuh, wie ihn die Menschen früher trugen. Er watet im Sumpfgebiet des Nils und des oberen Kongo auf Wasserpflanzen und fängt Fische. ➡ Wasservögel S. 235

Vögel im Haus

Es gibt Vögel, die sich leicht an das Zusammenleben mit den Menschen gewöhnen. Sie leben in einem kleinen oder großen Käfig; manche werden auch so zahm, dass man sie im Zimmer und Haus frei herumfliegen lassen kann. Doch dafür eignen sich nur ganz bestimmte Vögel. Auf keinen Fall darf man Wildvögel einfach nur einsperren. Wer einen Käfig-(Stuben-)Vogel als Haustier haben will, muss ihn sauber halten, richtig füttern und ihn auch immer wieder ansprechen und im Raum frei fliegen lassen. Dann erfreuen uns diese Vögel als Sänger,

mit spottend klingenden Tönen oder einfach mit der farbigen Pracht ihres Gefieders. Sehr beliebt sind einige Papageienarten wegen ihrer Farben und ihrer Begabung, die menschliche Stimme nachzuahmen. Das Bild zeigt verschiedene Vögel, die gut in einer Wohnung zu halten sind.

1 Grauer Kardinal **2** Roter und gelber Kanarienvogel **3** Zebrafink **4** Tigerfink **5** Gimpel (Dompfaff) **6** Olivgrüner Astrild **7** Reisfink **8** Distelfink (Stieglitz) **9** Gelbbrust-Ara **10** Rosa Kakadu **11** Gelbmantel-Lori **12** Halsbandsittich **13** Schwarzköpfchen **14** Wellensittich. ➡ Papageien S. 224

1

2

3

4

Täuschung, Tarnung
Viele Tiere können sich fast unsichtbar machen. Durch ihre Färbung, durch bestimmte Formen, Muster und Schattierungen passen sie sich an ihre Umgebung an. Unser Auge lässt sich täuschen, und vielen Tieren geht es ebenso. So können sich schwache und wehrlose Tiere vor ihren Feinden schützen. Aber auch angreifende Großtiere sind oftmals getarnt. **1** Die schwarzen Streifen im Fell des Tigers passen genau in den Dschungel
2 Bei Gefahr reckt die Große Rohrdommel Kopf und Hals empor: dann zeigt ihre Unterseite Licht und

5

6

7

8

Schatten wie das Schilf **3** Farbe und Form machen die Heuschrecke in den Gräsern fast unsichtbar **4** Der Tarnanzug der Kröten ist ihre warzige raue Haut, die den Steinen und dem Erdboden entspricht **5** Wie ein spitzer Dorn heftet sich die Dornzikade an den Ast **6** Die Spannerraupe klammert sich an den Ast und sieht dann einem abstehenden Zweig zum Verwechseln ähnlich **7** Im Winter hat das Hermelin ein Fell weiß wie Schnee, für den Sommer färbt es sich braun **8** Rotes Ordensband: die Flügel des Schmetterlings – wie Baumrinde – sind sein Versteck. ➡ Verhalten S. 233

Fährten
Überall umgibt uns Leben. Vieles sehen und hören wir: Vögel zwitschern, Blumen blühen, Tiere laufen oder schleichen, der Wind bewegt die Blätter der Bäume. Es gibt aber auch Leben, das wir nicht sehen, weil wir es nicht beachten oder weil wir es nicht kennen. Davon gibt es Spuren; sie können Geschichten erzählen: Kreidestriche auf der Straße zeichnen einen Unfall auf, ein Hund hinterlässt Kot, Fußspuren im Sand am Strand verraten uns, ob hier ein großer Mensch gegangen ist, ob er langsam spazierte oder ob er in Eile war

und rannte. Tiere hinterlassen Spuren; besonders deutlich im Winter auf Schnee. Die Jäger haben dafür besondere Namen: eine *Fährte* hinterlassen Schalen und Ballen des Schalenwilds (z.B. Rehe), Niederwild wie Hase oder Fuchs hinterlässt eine *Spur,* Bodenabdrücke vom Federwild werden *Geläuf* genannt.

1 Fasan **2** Eichhörnchen **3** Reh **4** Fischotter **5** Hirsch **6** Wildschwein **7** Rebhuhn **8** Bär **9** Hase **10** Wolf **11** Fuchs

Wohnungen

1 Die Zwergmaus, die nur 7cm lang wird, heftet ihr rundes, geschlossenes Nest an Halme und an starke Gräser

2 Auch ein Fisch baut ein Nest: der Stichling

3 Das Thermometerhuhn ist in Australien zu Hause. Der Hahn errichtet ein Brutofennest und sorgt dafür, dass die Wärme darin 10 Monate lang bei Hitze und Kälte, bei Nacht und bei Tag gleichmäßig bleibt. Er überwacht die Wärme mit seinem Schnabel

4 Termiten leben unterirdisch oder bauen sich turmartige Hügelnester, die mehr als mannshoch werden

5 Die Kreuzspinne mit weißer Rückenzeichnung auf

dem Hinterleib baut große Radnetze **6** Der Storch errichtet große, hochgelegene Nester aus dürren Ästen und Zweigen. Als Zugvogel fliegt er im Winter nach Afrika **7** Der Schneidervogel ist eine Grasmücke in Südostasien. Er näht sich sein Nest aus ein oder zwei großen Blättern mit Baumwollfäden zusammen

8 Webervögel sind eine Familie der Sperlingsvögel. Sie bauen mit Knoten und Schlaufen Nester aus frischen Grashalmen oder Blattrispen

9 Der Seidenlaubenvogel in Australien legt sein Nest als Laube aus dicht durchflochtenen Zweigen an.

➡ Instinkt S. 233

1

2

3

4

Tiere schlafen
Warum schlafen Menschen und Tiere? Darauf gibt es keine sichere Antwort. Auf jeden Fall dient der Schlaf der Erholung. Allerdings gibt es Tiere, die besonders lang schlafen (Faultier, Löwe), andere wie die Spitzmäuse schlafen vermutlich überhaupt nicht.

Einige Tiere schlafen am Tag, andere in der Nacht, wieder andere sind nur in der Dämmerung morgens und abends wach: man nennt sie tagaktiv oder nachtaktiv. Hund und Katze, Löwen und Kamele, Papageien und Tauben können träumen, Schlangen, Salamander oder Schmetterlinge dagegen nicht.

5

6

7

8

1 Schlafendes Dromedar am Rand einer Oase **2** Giraffe mit Jungtier **3** Das Streifenhörnchen rollt sich zum Schlafen zusammen **4** Der See- oder Meerotter ruht auf dem Rücken im Wasser **5** Wölfe schlafen wie Hunde halb ausgestreckt, doch die Ohren bleiben wachsam **6** Fledermäuse hängen sich zum Schlafen an Äste oder an die Decke in Höhlen oder in alten Häusern, nachts gehen sie auf die Jagd **7** Flamingos schlafen im Stehen und meist nur auf einem Bein **8** Der Panther schläft gern auf einem Ast, Feinde muss er kaum fürchten.

➡ Schlaf S. 228

Aus der Welt von morgen
Seit es die Erde gibt, verändert sie sich unablässig. Alle 30 Sekunden ereignet sich irgendwo ein Erdbeben. Neue Inseln steigen aus dem Meer. Berge stürzen ein oder steigen empor: das mächtige Himalaya-Gebirge wächst jedes Jahr um 10 Zentimeter! Von vielen Veränderungen der Erde durch Menschen hat dieses Buch erzählt. Niemand weiß, wie es in Zukunft sein wird. Sicher ist aber, dass wir Menschen die Erde anders behandeln müssen als bisher: sorgsam. Die Erde – das sind die Tiere, die Pflanzen, der Boden, das Wasser, die Luft. Sie sind kostbar. Wir müssen sie erhalten, damit die Erde bewohnbar bleibt. Für alle.

Aus der Welt von morgen

Erneuerbare Energien

1 Zahlreiche Windkraftanlagen sind in Windpark/ Windfarm vereinigt **2** Der Turm der Windkraftanlage ist 40 m hoch, die Flügel zur Erzeugung von Elektrizität sind 15 m lang. Der Bogenrotor links ist unabhängig von der Windrichtung **3** Der Sonnenofen von Mont-Louis in Südfrankreich sammelt Sonnenenergie mit 9000 festen Kleinspiegeln sowie beweglichen Flachspiegeln **4** Wohnhäuser mit Solarzellen im Dach **5** Den stetigen Wellengang nutzt das Wellenkraftwerk **6** Das geothermische Kraftwerk verwandelt die Wärme des Erdinnern in Energie **7** Ein Gezeitenkraftwerk

8

9

10

11

12

13

setzt die unterschiedliche Wasserhöhe von Ebbe und Flut in Energie um **8** Nachwachsende Energie: Schilf (Arundo donax) und (rechts) ölhaltiger Raps **9** Parabolische Spiegelrinnen konzentrieren Sonnenstrahlen auf eine Brennlinie, **10** der runde Parabolspiegel auf einen Punkt **11** Solarkocher für sonnenintensive Entwicklungsländer, mit Holz und Blech leicht herzustellen; er nutzt die Sonnenenergie zum Kochen und Braten **12** Sonnenturmkraftwerk am Berghang **13** Ein Zukunftsprojekt: Sonnenenergie wird im Weltraum aufgefangen und durch Mikrowellen zur Erde weitergeleitet. ➡ Energie S. 212

Marsstation
Vielleicht werden Menschen im nächsten Jahrtausend die Erde verlassen, Raumstationen einrichten oder auf anderen Planeten Kolonien gründen. Dafür kommt als erstes der Planet *Mars* in Frage. Er ist klein, sieht auffallend rötlich aus und hat zwei Monde als Begleiter. Die Oberfläche ist von Kratern zernarbt und überzogen von Bergen und großen Vulkanen. Mars hat eine sehr dünne Lufthülle; die Temperaturen an seiner Oberfläche könnten ausreichen, um niederen Lebensformen wie Flechten die Existenz zu ermöglichen. Doch fanden bis heute Marssonden, die dort landeten,

keine Spur von Leben. Das Bild zeigt, wie später einmal eine Kolonie auf dem Mars aussehen könnte: Im Vordergrund links ist eine Forschergruppe bei der Arbeit, Energie für ihre Instrumente gewinnt sie durch Sonnenpaddel. Die Männer rechts bewegen sich mit Rückstoßantrieb. Raupen- und Großradfahrzeuge dienen zu Erdarbeiten und als Transportmittel. Ein geschützter Eingang führt zu den unterirdischen Wohn- und Schlafräumen; oberirdisch ist unter der durchsichtigen Folie ein Pflanzgarten angelegt, hier herrscht ein Klima wie auf der Erde. Im Hintergrund der Weltraumbahnhof. ➡ Weltraumfahrt S. 236

Jupiter

Neun Planeten umkreisen die Sonne, unsere Erde gehört dazu wie auch *Jupiter*, ein Riese, elfmal größer als die Erde. Er ist von der Sonne 780 Millionen Kilometer entfernt und umkreist sie in 11 Jahren und 315 Tagen. Sechzehn Monde begleiten ihn. Im Vordergrund sehen wir auf dem Jupitermond *Europa* zwei Astronauten, der eine mit einem Meteoriten, der andere mit einem Messgerät. Sie kommen nicht unmittelbar von der Erde, denn der Flug würde zweieinhalb Jahre dauern. Es gibt schon heute Pläne für Raumstationen

wie diese, in denen mehrere hundert Menschen leben sollen. Sie ist wie ein riesiges Rad konstruiert, hat einen Durchmesser von 1000 Metern und dreht sich rund einmal in der Minute um ihre Mittelachse; so entsteht ein künstliches Schwerefeld, das der Schwerkraft auf der Erde entspricht. Die Energiezentrale liegt in der Mittelachse. Pflanzen in den Grünzonen werden mit Licht versorgt und erzeugen Sauerstoff sowie Nahrung für die Besatzung. An Bord herrscht ein Klima ungefähr wie auf der Erde, daher können sich die Menschen dort ohne Schutzanzüge bewegen und arbeiten. ➡ Weltraumfahrt S. 236

Fliegende Stadt

Zu den besonderen Gaben, die wir Menschen erhalten, gehört die Einfallsfreude, die Fantasie. Wir können uns etwas ausdenken, was es nicht gibt, können Geschichten erzählen und Dinge ausmalen einfach zum Spaß. So haben die Menschen seit langem überlegt, ob es auf anderen Sternen Lebewesen gibt, die uns vielleicht besuchen. Seit mehr als 30 Jahren wurden in aller Welt fliegende Objekte beobachtet, deren Eigenart und Herkunft nicht zu erklären war; manche Beobachter meinten danach, es seien Fluggeräte von fremden Welten gewesen. Doch Beweise dafür oder

dagegen gibt es nicht. Aber wäre es nicht viel schöner, zu diesem Bild einfach eine Geschichte zu erfinden? Da ist unsere Erde bei Nacht. Sterne sind am Himmel und Wolken, mit viel Licht senkt sich eine große runde Scheibe abwärts und dahinter noch eine, an der Unterseite ist ein greller Strahl, der sich im Wasser spiegelt. Menschen sind auf dem kahlen Berg und winken: heißt das „Auf Wiedersehen" oder „Willkommen bei uns"? Wurde die fliegende Stadt erwartet? Wer ist es, der da kommt oder geht? Und ganz hinten im Bild ist ein großes, geheimnisvolles Licht – was mag es bedeuten? ➡ UFO S. 232

Erde und Weltall
Das gemalte Bild zeigt aus der Sicht eines Raumfahrzeugs, wie die Sonne über der Erde untergeht; in ihr hätten mehr als 1,3 Millionen Erdkugeln Platz! Doch ist diese gewaltige Sonne nur wie ein Staubkorn innerhalb der Milchstraße, und diese ist im unendlichen Weltraum ebenfalls winzig. Bis heute ist kein einziger Stern entdeckt worden, wo Leben wie auf der Erde möglich wäre, mit Tieren und Pflanzen und Menschen. Die Erde ist aber in großer Gefahr: durch die Menschen. Sie können das Leben bewahren. Sie müssen es.

Bilderlexikon von A–Z

Ameisen (S. 175) sind Hautflügler, von denen auf der ganzen Welt etwa 6000 Arten bekannt sind. Sie bauen Nester oder errichten Ameisenhaufen, unter denen sich noch tief im Erdboden Gänge und Wohnkammern befinden. In einem solchen Ameisenstaat, bei dem jedes einzelne Insekt seine Aufgabe kennt und erfüllt, können manchmal Millionen von Ameisen zusammenleben, von denen die meisten Arbeiterinnen sind. Diese haben keine Flügel. Daneben gibt es auch Weibchen mit Flügeln. Mit den geflügelten Männchen schwärmen diese im Hochsommer zum Hochzeitsflug aus. Die Männchen sterben bald danach, die Weibchen, die man jetzt Königinnen nennt, streifen die Flügel ab und kehren in den Bau zurück. Manchmal gründen sie auch eine neue Kolonie, um ihre Eier zu legen. In einem Bau kann es 100 Königinnen nebeneinander geben, bei den Roten Waldameisen hat man sogar schon 5000 gezählt. Aus den Ameiseneiern kommen die Larven; sie verpuppen sich und aus den Puppen schlüpfen dann die Ameisen. Die in Europa heimische Rote Waldameise ist nützlich, weil sie Boden, Büsche und Bäume von Schädlingen frei macht; an einem Sommertag vertilgen die Ameisen eines einzigen Baues 100000 Insekten und deren Larven. Viele Ameisenarten sind Jäger, sie können auch große Insekten überwältigen und ins Nest schleppen. Andere ernähren sich von Nektar und anderen süßen Säften. Die schwarzen Wegameisen und die gelben Wiesenameisen halten sich Blattläuse zum Melken, weil sie eine süße Flüssigkeit ausscheiden.
Termiten (S. 194) bezeichnet man nach ihrem Aussehen als „weiße Ameisen", sie sind aber mit den Ameisen nicht verwandt, sondern mit den Schaben. Wie die Ameisen bilden sie jedoch große Staaten mit Arbeitern, Soldaten, König und Königin. Darin leben viele Millionen Einzeltiere zusammen in unterirdischen Höhlen, in alten Baumstämmen, Hügeln oder in Türmen aus Lehm und Holzsplittern (bis zu 12 m hoch). Termiten können Bauwerke wie Holzhäuser, Holzbrücken oder Eisenbahnschwellen von innen her so zernagen, dass sie zusammenbrechen.
Arbeit (S. 24/25) am Bau war früher hart und mühevoll. Moderne Baumaschinen sind ein besonders deutliches Beispiel dafür, wie entsprechende Geräte dem Menschen die Knochen brechende Schinderei abnehmen oder mindestens erleichtern können. Dazu gehören: Bagger, Walzen, Planierraupen, Flaschenzüge, Rammen, Stampfen, Pumpen, Förderbänder, Aufzüge, Betonmischer, Gießtürme, Kipper und Baukräne, Straßenbaumaschinen sowie Transporter aller Art. Mit ihrer Hilfe kann die Arbeit schneller, leichter und billiger gemacht werden. Dadurch entsteht aber ein anderes Problem: gibt es überhaupt noch genug Arbeit? Alle Menschen, die arbeiten wollen, sollen auch Arbeit finden.
Auto (S. 50-53) Drei Erfindungen haben das Leben der Menschen besonders stark verändert: das Feuer, das Rad, das Auto. Mit dem Feuer konnten sie der Kälte trotzen und ihr Essen kochen oder braten; früher mussten sie es wie die Tiere roh verschlingen. Das Rad erleichterte den Transport und erlaubte den Bau von Maschinen. Mit dem motorgetriebenen Auto kann man schnell und mühelos fahren und Lasten leicht transportieren.
Die wesentlichen Teile eines Kraftwagens sind das Fahrgestell (Chassis) und der Aufbau (Karosserie). Zum Fahrgestell gehören der Rahmen, auf dem alle wichtigen Teile festgemacht sind, die Federung, die Achsen, die Räder, die Lenkung und die Bremsen; ferner der Antriebsmotor, der heute meist mit Benzin oder Dieselkraftstoff gespeist wird, außerdem die Teile, die Motorkraft auf die Räder übertragen, sowie die elektrische Ausrüstung für Anlasser, Beleuchtung, Hupe, Heizung. Personenwagen werden unterschieden als Limousine (geschlossene Wagen), Cabriolet (offen zu fahren, weil das Verdeck einzufalten ist) oder als zweisitzige offene Sportwagen (Roadster). Lastkraftwagen benennt man vorwiegend nach ihrer Verwendung: als Tankwagen, als Transporter, als Sattelschlepper.
Durch das Auto hat sich das tägliche Leben der Menschen von Grund auf verändert. Zuerst einmal machte Auto fahren Spaß, es bringt aber auch Belästigungen, Gefahren und offenkundige Schäden mit sich, vor allem, weil der Autoverkehr in der ganzen Welt so rasend schnell zunimmt. Lästig sind Lärm und Gestank, gefährlich sind Unfälle und ihre Folgen, schädlich sind vor allem die Abgase und der Verbrauch von Energievorräten sowie von Landschaft für den Bau von Straßen. Andererseits sind an der Herstellung und am Verkauf von Autos viele Menschen beteiligt; diese Arbeit macht ihnen Freude und sorgt dafür, dass sie und ihre Familien leben können. Es wird künftig darauf ankommen, die Vorteile des Autos zu erhalten und die Nachteile auszuschalten oder doch erheblich zu vermindern. – Wer Auto fahren will, muss es lernen und braucht einen Führerschein.
Ballon (S. 70/71). Ein Ballon ist ein Luftfahrzeug ohne Antrieb, es schwebt empor, weil das Gas oder die heiße Luft in der kugelförmigen Hülle (aus Stoff, Gummi oder Kunststoff) leichter ist als die umgebende Luft. Unterhalb der Ballonhülle ist ein Korb (Gondel) befestigt; hier finden Menschen oder Messgeräte Platz. Ein Ballon wird vom Wind hierhin und dorthin getragen, nur die Höhe, nicht aber die Richtung kann der Ballonfahrer verändern: indem er Ballast abwirft (z.B. Sandsäcke) und dann wegen des geringeren Gewichtes steigt oder indem er Gas aus der Ballonhülle entweichen lässt und dann tiefer sinkt. Heute dienen Ballone insbesondere zur Erforschung des Luftraums, als Sportgeräte sowie zu Werbezwecken.
Bären (S. 159, 193) Die Bären gehören zu den Raubtieren. Sie haben einen mächtigen, gedrungenen Körper mit dichtem, schönen Fell, einen kurzen Schwanz und kleine, runde Ohren. Die fünf Zehen an den Vorder- und Hinterfüßen sind mit Krallen bewehrt. Anders als die meisten Raubtiere sind die Bären Allesfresser: sie vertilgen Früchte, Beeren, plündern den Honig wilder Bienen, fressen

Wurzeln, saftige Gräser, Pilze, Baumknospen, aber auch Krebse, Muscheln, Würmer, Fische und Vögel. Bären können auch andere Säugetiere überfallen und dank ihrer Kraft eine geraubte Kuh oder ein Pferd ohne Mühe fortschleppen. Wenn ein Bär auch plump aussieht, so kann er doch vorzüglich klettern, schwimmen und laufen; außerdem sehr gut riechen, dagegen weniger gut hören und sehen. Im Winter schlafen Bären viel, aber nicht ununterbrochen.

Beim *Braunbär* kommt das manchmal glatte, manchmal gelockte Fell in vielfältigen Schattierungen vor von Schwarzbraun bis zu Dunkelrot/Gelbbraun oder auch zwischen schwärzlich Grau und Silbergrau. Er kann bis zu 300 kg schwer und aufgerichtet bis zu 2,50 m groß werden. Er brummt und heult bei Wut und Angst und schnauft bei Überraschung. In Europa kommt dieses Tier nur noch in waldreichen und einsamen Gebieten vor, etwa in den Pyrenäen oder den Karpaten. Es gibt 30 verschiedene Arten von Braunbären, am größten sind der amerikanische Grizzly, von dem in vielen älteren Abenteuerbüchern zu lesen ist, sowie der Alaska-Braunbär: er wird über 800 kg schwer und 3 m groß. Im Sommer können diese Bären sich ja auch mit Lachsen vollfressen, wenn diese Tiere in den Flüssen wandern; denn die Bären sind äußerst geschickte Fischfänger.

Der *Eisbär* in seinem zottigen, (gelblich) weißen Fell haust im Norden der Erde am Rande des Eismeers. Er ist noch stärker als alle anderen Arten von Bären und hat unter den Tieren keine Feinde. Er jagt nach allen Tieren, die im Meer und an der Küste seiner Heimat vorkommen. Dabei kann er längere Strecken auch unter Wasser zurücklegen, wobei er seine Nasenlöcher schließt. Der Eisbär misst von Kopf bis zum Ende des Rumpfes etwa 3 m, sein Gewicht liegt zwischen 450 und 800 kg.

Der *Pandabär* (S. 5, 126) gehört zur Familie der Altweltkleinbären oder Katzenbären. Nur in Südchina konnte der Große Panda in wenigen, sehr entlegenen Gebieten im hochgelegenen (1500-4000 m) und schwer zugänglichen Bambusdschungel überleben. Wie viele Tiere es überhaupt noch gibt, weiß niemand; vermutlich sind es zusammengenommen weniger als 1000 Exemplare. Weil er so selten ist, nahm ihn die weltweite Vereinigung WWF (World Wildlife Fund) zum Zeichen. Der Panda wird 1,50 m groß und rund 100 kg schwer.

Beeren (S. 116/117) im eigentlichen Sinne sind Früchte, bei denen die ganze Fruchtwand fleischig wird. Diese umgibt meist mehrere Samen. Es gibt auch giftige Beeren, die meisten aber sind wohlschmeckend und gesund. Hierzu gehören die Weinbeere, Tomate, Johannis-, Heidel-, Preisel-, Holunder-, Stachelbeeren; doch auch Gurke, Kürbis oder Dattel gehören zu den Beeren.

Brombeere, Himbeere, Erdbeere, Hagebutte werden fälschlich als Beere bezeichnet. Die Beerenzapfen des Wacholders haben zwar beerenartiges Aussehen, stehen aber in Wirklichkeit den Zapfen der Nadelbäume sehr nahe.

Die *Heidelbeere*, auch Blaubeere, wächst an einem Zwergstrauch, der in den Wäldern und Heidelandschaften Mitteleuropas verbreitet ist.

Der *Holunderstrauch* hat weiße, stark duftende Blüten (Verwendung als schweißtreibender Fliedertee) und schwarzviolette Beeren, diese werden zu Marmelade und auch für Suppe und Brei verwendet.

Die *Johannisbeeren* wachsen in kleinbeerigen Trauben am Johannisbeerstrauch; die Früchte sind rot, weiß oder schwarz. Außer als Marmelade finden die Früchte auch für Wein und Likör Verwendung. Nah verwandt ist die *Stachelbeere* mit den steif behaarten, grünlich gelben oder trüb purpurnen Früchten von säuerlichem Geschmack. Die Stachelbeere liebt gute, feuchte Böden und viel Düngung. Die *Erdbeere*, eine Sammelfrucht aus Nüsschen auf fleischig werdender Blütenachse, kommt wild wachsend als Walderdbeere sowie in verschiedenen, auf Größe und Wohlgeschmack gezüchteten Formen vor. Frucht und Kraut gelten als alte volkstümliche Heilmittel.

Die *Hagebutte* ist die rote Sammelfrucht der Heckenrose. Aus dem Mark (Hägemark) macht man Marmelade, aus den leicht gerösteten Nüsschen bereitet man Tee.

Die *Brombeere*, eine Sammelsteinfrucht, kommt als sehr stacheliger Strauch in verschiedenen Arten vor; die Früchte sind meist schwarz, selten rot, als gärtnerische Züchtung auch weiß.

Die *Himbeere*, meist rot, selten gelb, ist eine sehr geschätzte Sammelsteinfrucht. Aus Himbeeren macht man Marmelade, Saft, Branntwein, und aus den getrockneten Blättern Tee.

Der *Wacholder* ist ein Zypressengewächs. Der Strauch hat stachelspitze Nadeln und blauschwarze Beerenzapfen. Die Beeren werden für Branntwein (Gin, Steinhäger), als Gewürz und als Heilmittel verwendet. Das duftende, weiche Holz ist für Tischlerarbeiten gut geeignet.

Biber (S. 143) Der Biber ist das größte (ca. 1 m lang, 20-30 kg schwer) Nagetier auf der Nordhalbkugel der Erde. Der breite, 40 cm lange Schwanz dient dem Biber als Ruder, zwischen den hinteren Zehen hat er Schwimmhäute, die Vorderpfoten benützt er wie Hände. Biber hausen in Uferhöhe oder errichten sich „Burgen" (bis zu 3 m hoch) aus Baumstämmen, Knüppeln, Lehm und Sand. Sie fressen Baumrinde, Blätter, Weidenschößlinge, auch Runkelrüben, Gräser und Kräuter. Wegen ihres schönen Fells wurden Biber in Mitteleuropa fast ausgerottet. In Deutschland war das Tier hundert Jahre lang so gut wie verschwunden. 1966 setzte man skandinavische und kanadische Biber in Bayern aus, wo sie gut gedeihen; im Schutzgebiet „Mittlere Elbe" gibt es noch die meisten Biber, die sich so stark vermehren, dass Exemplare nach Holland weitergegeben wurden. Dadurch wird versucht, die Biber am Niederrhein wieder heimisch zu machen. Biber bekommen bis zu 4 Junge und werden etwa fünfzehn Jahre alt; in Deutschland ist der Biber als besonders geschützte Art eingestuft.

Bienen (S. 174) sind die einzigen Insekten, die den Menschen ein Nahrungsmittel liefern: Honig. Die Honigbienen gehören zu den Hautflüglern. Weltweit sind etwa 12000 Arten bekannt, davon in Europa etwa 500. Die meisten leben vereinzelt und wild in hohlen Baumstämmen; nur die Hummeln, die stachellosen Bienen und die echten Honigbienen bilden Staaten. Ein Bienenstaat (Bienenvolk) besteht aus drei verschiedenen Wesen: einer sehr großen Königin (Weisel), einigen hundert Männchen (Drohnen) und bis zu 70000 Arbeiterinnen. Auf dem Hochzeitsflug paart sich die Königin mit einer der Drohnen, die sie begleiten. Danach werden die Drohnen vertrieben, so dass sie umkommen. In den Bienenstock zurückgekehrt, legt die Königin 2-3 Jahre lang Eier, und zwar bis zu 2000 täglich. Sie kommen in die wächsernen, ganz genau sechseckigen Zellen, aus denen die Arbeiterinnen die Waben aufbauen. Nach 3 Tagen schlüpfen aus den Eiern die Larven, die sich entweder in 15 Tagen zu einer Königin oder in 21 Tagen zu einer Arbeiterin oder in 24 Tagen zu einer Drohne entwickeln. Arbeiterinnen leben etwa 5 Wochen, erzeugen Wachs und verfertigen die Waben, sie versorgen die Brut, sammeln Blütenstaub an den „Höschen" der Hinterbeine sowie den Blütensaft, den Nektar, den sie als Wintervorrat und als Nahrung für die Larven in Honig verwandeln. 1500 g Nektar ergeben etwa 100 g Honig; dafür muss eine Biene eine Strecke von mehr als 100000 Kilometern hin- und herfliegen. Außerdem verteidigt die Arbeiterin den Bienenstock gegen Eindringlinge, ihre Waffe ist ein giftiger Stachel im Hinterleib. Hat sich ein Bienenvolk stark vermehrt, so wächst eine junge Königin heran. Sie bleibt mit der Hälfte des Volkes zurück, während die anderen Bienen mit der alten Königin davonfliegen („schwärmen"), um eine neue Heimat zu suchen. Bienen sind nicht allein als Honigspender wichtig; weil sie von Blüte zu Blüte fliegen, übertragen sie den Blütenstaub und sorgen so für die Befruchtung der Pflanzen, die sie besuchen; Obstbau wäre also ohne Bienen unmöglich.

Blumen (S. 110-113) sind Pflanzen mit besonders schön gefärbten und gestalteten Blüten. Auch Eichen oder Petersilie gehören dazu, obwohl man es ihnen nicht ansieht. Die Blüten sorgen dafür, dass sich die Pflanzen mit Hilfe von tierischen Blütenbesuchern wie Insekten vermehren können. Eine vollständige Blüte hat – von außen nach innen betrachtet – folgende Blattkreis-Stockwerke: Kelchblätter, Blütenblätter, Staubblätter, Fruchtblätter. Manchmal sind die Blütenblätter verwachsen wie bei der Winde, manchmal frei wie bei der Rose. Wenn eine Pflanze mehr als eine Blüte auf ihrem Stängel trägt, sind die Blüten zu einem Blütenstand vereinigt. Je nach der Anordnung der Blüten unterscheidet man die Ähre wie beim Getreide, die Dolde wie bei der Schlüsselblume, das Köpfchen wie beim Klee, das Körbchen wie beim Löwenzahn und die Traube wie beim Fingerhut. Nach der Zeit des Blühens unterscheidet man Frühlings-, Sommer- und Herbstblumen, je nach dem Standort spricht man von Garten-, Gebirgs-, Feld-, Wald-, Wiesenblumen.

Abgesehen von den Weltmeeren und den eisigen Gebieten am Nordpol und am Südpol wachsen überall auf der Erde Blütenpflanzen. Wir kennen heute etwa 240000 Samenpflanzen, die das Festland beherrschen. Ihre Blüten sind manchmal kleiner als ein Millimeter, andere sind mehr als 1 m groß.

Brücke (S. 44/45). Brücken überwinden natürliche Hindernisse: ein Gewässer, eine Schlucht, einen Arm des Meeres; darauf kann man dann eine Straße, eine Bahnlinie, eine Rohrleitung, eine Autobahn oder sogar einen Kanal weiterführen. Man unterscheidet Brücken vor allem nach der Aufgabe, der sie dienen (Fußgängerbrücke, Eisenbahnbrücke), nach dem verwendeten Material (Holzbrücke), nach Konstruktionselementen (Schrägseil-Brücke) oder nach der Form (Bogenbrücke). Sehr große Entfernungen überspannt die Hängebrücke, wo die Fahrbahn zwischen den Pfeilern an gewaltigen Kabeln oder Ketten hängt. Manche Brücken muss man bewegen, damit Schiffe weiterfahren können: Zugbrücken zum Hochziehen oder schwimmende Brücken zum Wegziehen.

Burg (S. 10/11) Eine Burg war der feste Wohnsitz eines vornehmen Herrn mit seiner Familie (Adelige, Ritter) und der Menschen, die für ihn arbeiteten: Diener, Soldaten, Handwerker. In Kriegszeiten suchten auch die Menschen aus der Umgebung Sicherheit hinter den Burgmauern. Man baute die Burgen meist an besonders geschützten Plätzen: auf einer Insel, inmitten eines Sumpfes oder auf einem steilen Hügel, Felsen oder einem Berggipfel, damit man sich gegen heranrückende Feinde leicht zur Wehr setzen konnte. Innerhalb der mächtigen Mauern standen das Herrenhaus mit Küche, Saal und Wohnräumen, daneben die Burgkapelle und die Räume für die Dienerschaft, die Ställe und Vorratsspeicher. Alles überragte ein starker Turm (Bergfried), in den Kellern solcher Türme hielt man Gefangene fest. Einen Brunnen, der oft sehr tief in den Felsen hineingebohrt war, brauchte jede Burg, dazu einen oder mehrere Hofräume mit Platz für Spiele oder zum Anpflanzen von Kräutern und Bäumen. Ein scharf bewachtes Tor bildete den Durchlass durch die Mauer; wenn es der Platz erlaubte, schützte man sich auf dieser Seite noch mit einem tiefen Graben, über den eine Zugbrücke führte. Auf deutschem Sprachgebiet hat es früher etwa 10000 Burgen gegeben, davon sind etwa 400 erhalten geblieben, in denen man noch wohnen kann.

Dinosaurier (S. 84-87) Die Dinosaurier, die heute nur gemalt werden können, gab es früher wirklich. Sie atmeten, sie fraßen, sie rannten, schwammen oder flogen, sie kümmerten sich um ihre Jungen. Was wir heute wissen, sind begründete Vermutungen auf Grund von Funden und Versteinerungen (Fossilien).

Diplodocus war ein besonders langer Dinosaurier: er konnte 26 m lang werden. Zur Familie der Diplodociden gehören die größten Landtiere, die jemals auf der Erde lebten: Supersaurus (30 m).

Tyrannosaurus rex, der größte Fleisch fressende Saurier: er wurde 12 m lang, 6 m hoch und 18 t schwer, mehr als ein ausgewachsener Elefantenbulle wiegt. Im Jahr 1994 wurde in Kanada ein vollständiges Skelett gefunden.

Triceratops, ein Pflanzenfresser aus den Ebenen Nordamerikas, der größte und schwerste Dinosaurier. Am oberen Rand war der Nackenschild mit Höckern besetzt.

Deinonychus, eine schnelle, wendige Echse. Beide Hinterbeine hatten eine riesige Kralle, sichelförmig gekrümmt: eine Waffe wie ein Dolch.

Iguanodon, aufgerichtet etwa 5 m hoch, ein Pflanzenfresser. Fußabdrücke wurden in England, auf Spitzbergen und in Südamerika gefunden.

Brachiosaurus: Dieser Pflanzenfresser mit seinem langen Hals erreichte 80 t Gewicht und 18 m Höhe: fast so groß wie ein Aussichtsturm.

Brontosaurus (Donnerechse) wird heute mit dem Namen *Abatosaurus* bezeichnet. Er hatte einen langen Hals, wog etwa 30 t und war ein Pflanzenfresser.

Plateosaurus gehört zu den ersten Pflanzenfressern. Er wurde 7 m hoch und lebte gern mit anderen zusammen in Herden.

Anatosaurus, ein Entenschnabelsaurier ohne Zähne.

Stegosaurus war ein Plattendinosaurier. Am Rücken trug er Knochenplatten und der Schwanz war mit Stacheln besetzt, die mehr als 1 m hoch wurden.

Dimetrodon war knapp 4 m lang. Besonders auffallend an diesem Fleischfresser ist sein Rückensegel; vielleicht sollte es ihm helfen, möglichst viel Sonnenwärme einzufangen.

Allosaurus, eine Raubechse, die vermutlich in Rudeln auf die Jagd ging. In seinen Kiefern standen 70 sägeblattartige Zähne.

Eisenbahn (S. 54-59) Als Vorläufer der Eisenbahn gab

es im Altertum und im Mittelalter besonders in Bergwerken Schienenfahrzeuge, die in Spuren aus Stein oder Holzbohlen liefen. Um das Jahr 1800 wurden Pferdebahnen in großen Städten eingerichtet, deren Wagen von Pferden gezogen wurden, während die Räder in Schienen liefen. Im Jahre 1825 legte die erste Dampflokomotive von George Stephenson eine kleine Strecke in England zurück, zwischen 1826 und 1830 baute man die erste größte Eisenbahnlinie zwischen Liverpool und Manchester. 1835 wurde in Deutschland die Strecke zwischen Nürnberg und Fürth eröffnet. Damals legte der Zug etwa 30 km in der Stunde zurück. Seitdem hat sich die Eisenbahn als ein Transportmittel durchgesetzt, das eine eigene meist etwas höher gelegte Fahrbahn benützt und mit Hilfe kräftiger Zugmaschinen und besonderer Wagen viele Menschen und große Lasten mit verhältnismäßig geringem Aufwand an Energie schnell befördert. Beim Bau von Eisenbahnen wird die Strecke möglichst gleichmäßig angelegt, damit scharfe Kurven und große Steigungen vermieden werden. Tunnels werden durch Berge hindurchgestoßen, Brücken überwinden Täler und Flüsse. Für den Bahnkörper wird das Erdreich aufgeschüttet und befestigt und mit Schottersteinen belegt, die das Wasser durchlassen. Darauf kommen die Bahnschwellen, auf welche die beiden nebeneinander herlaufenden Stahlschienen angeschraubt oder eingenagelt werden. Die Züge werden als rollendes Material bezeichnet. Sie werden gezogen von Lokomotiven, früher ausschließlich Dampflokomotiven mit Kohlefeuerung, heute überwiegend mit Elektro- oder Dieselmotoren. Die Eisenbahnwagen sind entweder für Personen oder für Fracht eingerichtet, danach unterscheidet man Reise- oder Güterzüge. Reisezüge, die große Strecken zurücklegen, sind außerdem mit besonderen Speise-, Schlaf- und Aussichtswagen ausgestattet und führen Post- und Gepäckwagen mit sich. Die jüngste Entwicklung sind Hochgeschwindigkeitszüge in Stromlinienform mit geringem Luftwiderstand; sie fahren in Deutschland, Frankreich und Japan rund 250 km/h schnell zwischen den großen Städten. Im Güterverkehr laufen offene oder gedeckte Wagen, auch mit Einrichtungen zum Heizen und zum Kühlen, dazu viele spezielle Transportwagen wie für Kohle, Erz, Öl und auch Tiefladewagen für besonders große Maschinen und Lasten.

Energie (S. 18/19, 200/201) tritt in ganz verschiedenen Formen auf: als Wärme, Licht, Elektrizität sowie als mechanische, chemische oder atomare Energie. In der Physik versteht man darunter die Fähigkeit, bestimmte Arbeiten zu leisten. Energie wird nicht erzeugt, sie ist in der Natur vorhanden und wird nur umgewandelt. Brennstoffe wie Kohle, Gas oder Erdöl speichern Energie. Wir nennen sie fossile Brennstoffe, weil sie aus Pflanzen- und Tierresten vor vielen Millionen Jahren entstanden. Ein Viertel der Energie, die heute gebraucht wird, stammt aus Kohle, doch eines Tages werden die Vorräte aufgebraucht sein, auch bei Erdgas und Erdöl, vielleicht schon in hundert Jahren. Es ist also wichtig, schon heute zu erforschen, welche neuen die alten Energiequellen ersetzen könnten: am besten Sonne, Wasser und Wind, denn die gibt es immer.

Wasserkraft wird nicht nur in Stauseen gespeichert (S. 16), sie wirkt auch bei Ebbe und Flut (Gezeiten). Gezeitenkraftwerke am Meer sollen künftig diese Energie verwerten. Das gilt auch für die Energie im Wellengang des Meeres.

Im *Wind* wirken ebenfalls gewaltige Energien. Wind weht überall und ist sauber; allerdings ist er nicht zuverlässig; er weht am liebsten, wann er will und wo er will. Außerdem brauchen moderne Windenergieanlagen viel Platz, und schön, sagen manche, sind diese riesigen Türme mit Flügeln auch nicht.

Die *Sonne* ist eine riesige heiße Gaskugel, die unablässig gewaltige Mengen von Energie abstrahlt; durch das Licht und die Wärme der Sonne wurde das Leben auf unserer Erde möglich. Solarenergie wird schon heute im Kleinen genutzt: Radios, Taschenrechner, Spielsachen oder Parkscheinautomaten arbeiten mit Solarzellen. In Musterhäusern werden verschiedene Möglichkeiten ausprobiert, wie Solarenergie etwa zur Heizung angewendet werden kann. Es gibt auch große Kollektoren, die die Energie bündeln und zum Erhitzen von Wasser verwenden; Dampf bewegt dann Maschinen. Doch alle Versuche mit neuen Energien stecken erst in den Anfängen.

Eiszeit (S. 88/89) nennen wir Zeiträume der Erdgeschichte, wo weite Gebiete mit einem dicken Eispanzer bedeckt waren. Die Letzte, benannt nach dem Alpenflüsschen *Würm*, endete etwa 10000 v.Chr. Zu dieser Zeit lag ganz Nordeuropa unter Schnee und Eis; auch die Gipfel des Schwarzwaldes, der Vogesen, des Böhmerwaldes, der Sudeten und der Karpaten waren, wie heute die Alpen, vereist. Infolge dieses gewaltigen Eispanzers war viel Wasser über dem Land aufgetürmt und der Wasserspiegel des Meeres rund 100 m tiefer als heute. Das Klima war trockener und kälter. In der Tundra unterhalb der Schneeberge wuchsen Flechten, Gräser und Kräuter, kleine und große Tiere fanden Nahrung: Mammut und Nashorn, aber auch Vögel und Fische. Die Menschen mussten sehen, wie sie zurechtkamen. Sie lebten als Jäger und Sammler. Pflanzen waren für sie Essen und Medizin, Fasern nutzten sie für Dochte, Fäden, Schnüre. Von den erlegten Tieren nahmen diese Jäger nicht allein das Fleisch als Nahrung und das Fell als Kleidung; aus Knochen schnitzten sie Angelhaken oder Nadeln, aus dem Geweih machten sie Speerspitzen oder Schleudern. Manche Steine nutzten sie als Äxte oder Schaber, aus anderen Steinen schlugen sie Feuer. Die Funde und die Höhlenzeichnungen zeigen, wie erfinderisch und geschickt sich Menschen dieser Zeit an die Schwierigkeiten, vor allem aber an die Möglichkeiten ihrer Umwelt angepasst haben.

Erdöl (S. 18/19) ist der wichtigste Energieträger; es liefert ein Drittel der Energie, die heute gebraucht wird. Aus dem Rohöl, auch Mineralöl genannt, wird Heizöl, Benzin, Dieselkraftstoff und Kerosin (Flugbenzin) gewonnen; aber auch Kunststoffe, Wachs, Farben, Unkrautvernichtungsmittel, Medikamente, Sprengstoffe und sogar Nahrung.

Geologen versuchen mit Hilfe von Schallwellen festzustellen, was sich unsichtbar unter der Erdoberfläche befindet, so können sie sagen, wo man mit Aussicht auf Erfolg nach Erdöl suchen sollte. Dann werden Bohrtürme errichtet und Stahlrohre abwärts getrieben; sie schützen das Bohrloch vor dem Einsturz. Mit drei Köpfen und rotierenden Zähnen frisst sich der Bohrmeißel in den Untergrund. Die Bohrtürme müssen sehr hoch sein, um die langen Rohre für das Bohrloch zu tragen. Förderplattformen im Meer (Ölbohrinseln) sind die größten Konstruktionen aus Menschenhand, manche so hoch wie der Pariser Eiffelturm (300 m).

Die meisten Ölvorräte lagern in Hohlräumen einige hun-

dert Meter unter der Erde, häufig in einer Tiefe von 2 Kilometern, gelegentlich sogar 7 Kilometer tief. Die Hälfte der bisher festgestellten Ölreserven auf der Erde besitzen nur vier Länder im Nahen Osten: Saudi-Arabien, Kuwait, Iran, VAR (Vereinigte Arabische Emirate). Öl kommt in verschiedener Form vor: als eine schwarze, zähe Brühe, oder leicht und dünnflüssig wie in Libyen, oder fest und dick wie in China: man könnte es schneiden wie Butter.
Es ist abzusehen, dass die Ölvorräte der Erde zu Ende gehen. Daher müssen wir heute (zu Gunsten der Menschen von morgen) sparen, so viel wie möglich – und andere, neue Energieträger finden.

Fische (S. 164-169) leben nur im Wasser. Ihr Körper ist glatt, gestreckt, abgeplattet oder rund und meist mit vielen harten und flachen Schuppen bedeckt. Sie bewegen sich durch Schläge mit dem Schwanz oder indem sie mit den Flossen rudern oder wedeln. Oft leben sie in Schwärmen zusammen. Nach der Art des Körpergerüstes (Skelett) unterscheidet man Knochenfische wie den Hecht oder Knorpelfische wie den Hai. Je nach dem Ort, wo sie vorkommen, spricht man von Fluss- (Süßwasser-) oder Meeres(See-)fischen. Mehr als 25000 verschiedene Arten sind bisher bekannt; sie leben in allen Meeren, Flüssen, Seen, Bächen, Teichen und Tümpeln der Erde. Fische atmen meist durch Kiemen: dafür ist ein Teil der Körperwand nach innen oder nach außen gestülpt und hier wird Kohlensäure aus dem Körper abgegeben und Sauerstoff aus dem vorbeiströmenden Wasser aufgenommen. Die Körpertemperatur ist wechselwarm, passt sich also der Wärme oder Kälte der Umgebung an. Ein süd-amerikanischer Zwergwels, nur wenige Millimeter lang, ist der kleinste Fisch, am größten ist mit 18 m Länge der Walhai. Meist legen die Fische Eier (Rogen) und Samen (Milch) ins Wasser und überlassen die Entwicklung der Nachkommen dem natürlichen Zufall. Als Nahrung dienten Fische den Menschen schon seit ältesten Zeiten; heute muss sehr darauf geachtet werden, dass durch Überfischung die Gewässer nicht leer geplündert werden.

Flughafen (S. 68/69) nennt man einen großen Flugplatz, der mit festen Bahnen (Pisten) für das Starten und Landen von Flugzeugen ausgestattet ist. Rollwege verbinden sie mit dem Vorfeld und den Abfertigungsgebäuden. Hier werden Flugscheine verkauft, Passagiere erhalten Bordkarten mit der Nummer ihrer reservierten Plätze, sie geben ihr Gepäck ab und können während der Wartezeit im Restaurant essen oder in Geschäften einkaufen. Auf überdachten Flugsteigen, die sich wie die Finger einer Hand in das Vorfeld strecken, warten die Gäste, bis ihr Flug aufgerufen wird. Andere Teile des Flughafens sind für den Transportbetrieb bestimmt: Waren aller Art werden zum Flughafen gebracht und dann in entsprechende Flugzeuge umgeladen; solche Transportflugzeuge sind besonders in Notfällen wichtig, wenn etwa nach Erdbeben oder bei einer Dürrekatastrophe Lebensmittel, ärztliche Hilfe oder Notunterkünfte wie Zelte rasch herangeschafft werden müssen. In einem anderen Bereich des Flughafens werden die Flugzeuge überprüft und, wenn es nötig ist, in Stand gesetzt.

Flugzeug (S. 66-69) Nachdem Otto Lilienthal 1890 den ersten Gleitflug unternahm und die Brüder Wright 1903 das erste brauchbare Flugzeug mit Motorantrieb bauten, nahm die Entwicklung der Flugzeuge und der Luftfahrt einen stürmischen Verlauf. In der Frühzeit der Flugzeuge wurden vielfältige Formen von Flugzeugen versucht, heute werden die Verkehrs- und Militärflugzeuge aller Länder einander immer ähnlicher. Der meist verwendete Flugzeugtyp hat ein Paar Tragflächen, die mit zunehmender Geschwindigkeit auch mehr Belastung tragen können. Daher mussten die Tragflächen früher bei langsam fliegenden Flugzeugen sehr groß sein, während die Gestaltung der Flugzeuge sich heute der Form der Vögel angleicht, bei denen auch der Rumpf selbst das Gewicht in der Luft tragen hilft. Bei Flugzeugen, die schneller als der Schall fliegen, kommt schon fast die Form von Fischen heraus, weil die Wirkung des Luftwiderstandes dann der Wirkung des Wassers ähnelt. Das Segelflugzeug lässt sich von der Luftströmung tragen und emporheben und senkt sich langsam ausschwebend, das Motorflugzeug erzeugt durch Bewegung gegen die Luft den Auftrieb selbst.
Die Hauptteile eines Flugzeuges sind:
der *Rumpf*, der die Besatzung, die Fluggäste oder Lasten aufnimmt, bei kleineren Flugzeugen auch Triebwerk und Betriebsstoffe;
das *Tragwerk*, nämlich die Tragflächen zu beiden Seiten, die beim Nurflügelflugzeug die Aufgabe des Rumpfes mit übernehmen und bei den großen Verkehrsflugzeugen die Motoren und Treibstofftanks tragen;
das *Leitwerk*, bestehend aus Seitenflosse mit Seitenruder und Höhenflosse mit Höhenruder, durch welche die Flughöhe und die Flugrichtung bestimmt werden;
das *Fahrwerk* (bei Wasserflugzeugen Schwimmwerk), abgefederte Räder, die bei großen Flugzeugen gewaltig sind und während des Fluges in den Rumpf oder die Tragflächen eingezogen werden;
das *Triebwerk* mit einem oder mehreren Motoren (die größte Zahl von Motoren hatte die zwölfmotorige DO X), die ihre Kraft auf Luftschrauben (Propeller) übertragen. Heute nimmt die Verwendung von Strahltriebwerken (Düsentriebwerk) stetig zu. Verkehrsflugzeuge mit Strahlantrieb wurden erstmals 1956 (Tupolew Tu 104) in der Sowjetunion, 1958 zwischen Europa und den Vereinigten Staaten (Comet 4, Boeing 707) in Betrieb genommen. 1969 begann das Zeitalter der Großraumflugzeuge mit dem „Jumbo-Jet" Boeing 747, der, technisch weiter entwickelt, auch heute noch verwendet wird. Solche Passagierflugzeuge, zu denen auch die europäische Airbus-Familie zählt, können etwa 400 Menschen aufnehmen. Projekte für noch größere Flugzeuge, die 600-800 Passagiere aufnehmen sollen, sind heute für die nahe Zukunft in Arbeit; ebenso für kleinere Maschinen, die deutlich weniger Treibstoff verbrauchen und Schadstoffe verbreiten sollen. Außerdem wurden langsam und senkrecht startende Flugzeuge entwickelt, die zum Starten und Landen nicht viel Platz brauchen. Dazu gehört der Hubschrauber, der durch waagrechte Propeller (Rotoren) aufwärts und vorwärts getrieben wird und sogar in der Luft stehen bleiben kann.

Fossilien (S. 81) sind Versteinerungen oder andere Tier- und Pflanzenreste aus lange zurückliegenden Erdzeitaltern. Unsere Erde ist rund 4,5 Milliarden Jahre alt. Von den Uranfängen der Erde, die so unvorstellbar weit zurückliegen, gibt es keinerlei Spuren. Erst in Gesteinsschichten, die etwa 500 Millionen Jahre alt sind, waren Hinweise auf Leben zu finden: Überreste von Pflanzen und Tieren, etwa der Abdruck eines Blattes oder der Zahn eines Tieres. Seit etwa 200 Jahren suchen die Forscher solche Überreste und sie machten erstaunliche Entdeckungen. Aus vielen einzelnen Funden konnte man seither ein anschauliches Bild gewinnen: von ausgestorbenen Tieren und verschollenen Pflanzen.

Garten (S. 96/97) Der Garten ist ein umhegtes Stück Land, auf dem Pflanzen gehalten werden. Im Nutzgarten werden Obst, Gemüse oder Wein zum späteren Verkauf gezogen, in Ziergärten werden Blumen einfach zur Freude angepflanzt. in wissenschaftlichen Gärten – im Schulgarten oder im Botanischen Garten – werden Pflanzen beobachtet oder untersucht. Im ägyptischen Niltal gab es zur Zeit der Pharaonen bereits große bewässerte Gartenanlagen, in denen Rettiche, Lauch, Wassermelonen, Gurken, Feigen, Datteln, Granatäpfel und Wein angebaut wurden. Weil die Arbeit im Beruf heute oft eintönig ist, lieben viele Menschen die Beschäftigung im eigenen Garten als einen angenehmen Ausgleich. Auch auf der Fensterbank oder dem Balkon kann man Pflanzen in Töpfen oder Kästen pflegen und sich freuen, wenn sie gedeihen.

Gemüse (S. 100/101) nennen wir Nahrungsmittel aus essbaren Pflanzenteilen, meist gezüchtete Kräuter. Früher wurde nicht viel Gemüse gegessen, heute weiß man, dass die in den Gemüsen enthaltenen Vitamine und Salze höchst wichtig für die Gesundheit sind. Gemüse wird entweder gekocht – aber möglichst nur kurz! – oder roh (meist gerieben) verzehrt; in Gläsern, Dosen und tiefgekühlt wird Gemüse haltbar gemacht. Man unterscheidet: Kohlgewächse, Spinatgewächse, Salatgewächse, Wurzelgemüse (z.B. Karotten), Hülsenfrüchte (z.B. Bohnen), Fruchtgemüse (z.B. Tomate), Stängelgemüse (z.B. Spargel), Zwiebelgewächse und Gewürzkräuter. Gemüse wird hauptsächlich durch Gartenbau (vgl. Bild S. 96/97) gewonnen; es ist „einjährig kultiviert", muss also mit wenigen Ausnahmen alle Jahre neu angepflanzt werden.

Getreidepflanzen (S. 107) sind Gräser mit Körnerfrüchten wie Roggen, Weizen, Hafer, Gerste und Hirse. Die Fruchtstände nennt man Ähren. Brotgetreide sind Roggen und Weizen; Futtergetreide sind Hafer und Gerste, Hirse gehört zum Breigetreide. Roggenähren haben kürzere, steife Borsten (Grannen), beim Weizen sind sie glatt und kräftig. Aus den gemahlenen Körnern kommt unser Brotmehl. Gerste ist an den langen Grannen zu erkennen, die Körner werden, ebenso wie beim Hafer, meist als Viehfutter verwendet, aber auch zu Malz verarbeitet, und daraus wird Bier gebraut. Die Körner der Hirse sind klein und sehr nahrhaft und wurden früher viel als Brei gegessen, wie wir in manchen Märchen lesen. Im Getreide sind die wichtigsten Stoffe enthalten, die unser Körper braucht, so dass sich ein Mensch zur Not allein von Brot (und Wasser) ernähren kann.

Gewürzkräuter (S. 108/109) sind wild wachsende oder gezüchtete Pflanzen, die in den Wurzeln, Blättern, Früchten oder Samen besondere Stoffe enthalten, die den Geschmack von Speisen verbessern oder den Appetit anregen; wir verwenden sie heute möglichst in geringen Mengen. Gewürze pflanzte früher nicht nur die Bäuerin in ihrem Garten; einen Kräutergarten pflegte auch der Bruder Küchenmeister im Kloster oder die Herrin in der Ritterburg. Besonders begehrt waren aber fremdländische, scharfe Gewürze wie Pfeffer, Paprika, Muskatnuss oder Lorbeer, die auf langen Karawanenwegen mühsam herbeigeschafft wurden. Auf der Suche nach den sagenhaften Gewürzinseln setzten daher manche Entdecker ihr Leben aufs Spiel in der Hoffnung, mit einem Schlag reich zu werden; denn solche Gewürze waren so begehrt und selten, dass ihr Gewicht manchmal mit Gold aufgewogen wurde.

Auch wegen ihres Wohlgeruchs waren Gewürzkräuter geschätzt. In alten Zeiten ließen die Körperpflege und ganz allgemein die Sauberkeit zu wünschen übrig; manche Menschen trugen daher Büschel mit duftenden Kräutern bei sich, damit ihnen der Geruch ihrer Umgebung nicht so stark in die Nase stieg.

Greifvögel (S. 176/177) sind kräftige Vögel mit Krallenzehen und einem scharfen Hakenschnabel. Damit packen und zerreissen sie ihre Beute; unverdauliche Haare, Federn und Knochen („Gewölle") werden wieder herausgewürgt.

Wanderfalke, ca. 50 cm lang, Flügel spitz zulaufend, Schwanz rund, Fänge nackt. Er gilt als der schnellste Vogel der Welt, wenn er angreift, kann er 320 km/h erreichen.

Kondor, einer der größten flugfähigen Vögel; er wird über 1 m lang, Spannweite der Flügel ca. 3 m. Er brütet in mehr als 5000 m Höhe im Anden-Gebirge in Südamerika und lebt nicht nur von Aas, sondern auch von anderen kleinen Tieren.

Mäusebussard, ein großer, gut segelnder Greifvogel, mit schwachem Schnabel und großen, abgerundeten Flügeln mit einer Spannweite von ca. 1,80 m. Er erlegt am Tag etwa 12 Mäuse und verhindert so die ungehemmte Vermehrung dieser fruchtbaren Nagetiere.

Fischadler, ein fast weltweit verbreiteter Greifvogel mit schwärzlicher Oberseite und schwarz-weißer Unterseite. Die Flügelspannweite erreicht 1,64 m. Er lebt an Seen, Flüssen und Meeresküsten, bei der Jagd stürzt er sich ins Wasser um Fische zu packen.

Uhu, *Schleiereule* und *Steinkauz* gehören zu den Eulen. Das sind Nachtraubvögel mit großen, engstehenden Augen, weichem, dichtem Gefieder und unhörbarem Flug. Sie hausen tagsüber in Höhlen, Mauerschlupfwinkeln oder Baumlöchern. Der rostbraune Uhu, 66-71 cm groß, erlegt Beute bis zur Größe von Hasen, er ist dank sorgfältiger Bruthilfe bei uns haarscharf dem Artentod entronnen; die langbeinige Schleiereule, 34 cm groß, ruft ähnlich, wie wenn ein Hund kläfft; der braun-weiße Steinkauz, 16 cm groß, hält sich geduckt und bevorzugt als Jagdgebiet – auch tagsüber – offenes Gelände.

Der *Habicht* ist ein schneller, wendiger Greifvogel. Er nistet gern im Nadelwald und schlägt nur lebende Beute wie Vögel, Eichhörnchen oder Junghasen. Die Flügel sind kurz – Spannweite bis zu 1,20 m – der gebänderte Schwanz ist lang.

Weibchen sind bei den Greifvögeln immer deutlich größer als die Männchen.

Hafen (S. 14/15) Als Hafen bezeichnet man einen Liegeplatz für Schiffe, der durch seine günstige natürliche Lage oder künstliche Befestigungen Schutz bietet gegen Wellenschlag, Sturm, Hochwasser oder Eisgang; ein Hafen am offenen Meer wird Seehafen, ein Hafen weit im Landinnern wird Binnenhafen genannt. Das Hafengebiet, vom Meer aus betrachtet, beginnt mit der Reede, dem Ankerplatz für Schiffe, die auf Einfahrt warten oder ihren Reiseweg nur kurz unterbrechen. Darauf folgt die Hafeneinfahrt, die als Wellenbrecher mit einem Hafendamm eingefasst ist, an dessen Ende (Molenkopf) oft ein Leuchtturm steht. Jede Hafeneinfahrt hat eine Lotsenstation, wo Lotsen ständig bereit sind, ein- und auslaufende Schiffe durch das Fahrwasser zu steuern. Das Hafenbecken muss mindestens so breit sein, dass Schiffe darin wenden (schwojen) können. Die Ufer sind mit gewaltigen Mauern befestigt und mit allen notwendigen Einrichtungen für das Be- und Entladen der Schiffe versehen, die hier vor Anker gehen. Heute werden viele Güter in Containern transportiert, die mit einem Kran leicht auf Eisenbahnwagen oder Sattelschlepper umgeladen werden können. Für die Sicherheit im Hafen sorgt die Hafenpolizei und die Hafenfeuerwehr.

Haus (S. 8/9, 12/13) Die freie Natur ist für Menschen nicht nur angenehm, oft sogar schwierig oder gefährlich. Darum suchten die Menschen zu allen Zeiten einen Ort, wo sie sich geborgen fühlen konnten vor den Angriffen der Natur und vor allen Gefahren, auch jenen, die ihnen von anderen Menschen drohten. Etwas Wichtiges gelang den Menschen in uralten Zeiten, als sie die dunkle Wärme der Erdhöhle durch das selbst errichtete Haus ersetzten. Einfachste alte Hausformen finden wir heute noch bei Naturvölkern, etwa die bewohnte Höhle, die vor Unwettern und Gefahren Schutz bietet. Sehr alt sind runde Hausformen: die aus Eisblöcken errichteten Iglus der Eskimos oder die Rundhütten afrikanischer Völker aus geflochtenen Ästen oder Gräsern, womöglich mit Lehm beworfen. Hirtenvölker, die mit ihren Herden von Ort zu Ort ziehen, benützen das Zelt aus Stangen und Tüchern oder Fellen. Zum besonderen Schutz entstand das Haus hoch oben im Geäst eines Baumes oder die Hütte, die auf Pfählen ins Wasser gestellt wurde.

Mit der Zeit wollten die Menschen größere und dauerhaftere Wohnungen haben. Sie lernten, Steine zu Mauern zusammenzusetzen oder Wände aus Lehm zu formen, dann gelang es ihnen, feste Steine zu brennen: der Ziegelstein ist eine sehr alte Erfindung. In unseren Gegenden ist Stein – von künstlichen Baustoffen abgesehen – das am meisten verwendete Baumaterial.

Das Haus im strengen Sinne ist das Wohnhaus, das überall in der Welt ganz verschieden aussieht: in kalten Gegenden anders als in warmen, in der Großstadt anders als auf dem Land, in vergangenen Zeiten anders als heute, das Haus für eine einzelne Familie anders als ein Gebäude, in dem viele Menschen wohnen sollen. In unserer Heimat soll ein Haus im Winter Schutz vor Kälte und Schnee, im Sommer vor übermäßiger Hitze und Regen geben. In heißen, trockenen Wüstengegenden werden hell gestrichene Steinhäuser wie Würfel mit dicken Wänden und winzigen Fenstern errichtet; in feuchten und heißen Ländern soll das Haus luftig sein und vor Ungeziefer schützen; in Gebieten mit viel Regen oder Schnee sieht man oft hohe und steile Dächer. So unterscheiden sich die Häuser nach äußeren Bedingungen. Unterschiede liegen aber auch in den verwendeten Baustoffen – Lehm, Holz, Stein, Beton, Glas, Stahl. Ein weiterer wichtiger Unterschied liegt im Verwendungszweck. Außer dem Wohnhaus kennt man Häuser für Vorräte oder Geräte (Lagerhaus, Speicher, Scheune), für die Verrichtung von Arbeiten (Geschäftshaus, Fabrik, Supermarkt) oder auch Häuser, in welchen sich Menschen zum Vergnügen, für festliche Anlässe oder zum Gebet zusammenfinden (Festhalle, Theater, Tempel, Kirche). Das übliche Wohnhaus besteht aus Keller (unter der Erde), Wohn- und Arbeitsräumen und einem flachen oder spitz zulaufenden Dach.

Haustiere (S. 128-133) Aus den wild lebenden Tieren haben die Menschen im Verlauf der Entwicklung des Lebens Haustiere gezüchtet. Wahrscheinlich war der Wolf das erste Raubtier, das sich zähmen ließ und sich daran gewöhnte mit Menschen zusammenzuleben. So entwickelte sich der Haushund. Haustiere sind weltweit verbreitet, viele auch in Gebieten, wo sie ursprünglich als Wild gar nicht zu Hause waren. Oft sind Abstammung und Heimat nicht mehr genau festzustellen, wenn die Wildform ausgestorben ist. Manche Haustiere lassen sich auf eine einzige Urform zurückführen wie das Kaninchen, das vom Wildkaninchen abstammt; andere Haustiere entstanden aus verschiedenen Wildtieren, z.B. das Pferd, das Schaf oder die Ziege. Haustiere werden zum Nutzen gezüchtet, damit man Fleisch, Milch, Wolle oder Felle bekommt; es gibt aber auch Haustiere, die einfach zur Gesellschaft und zum Vergnügen gehalten werden. Wer wenig Platz hat, muss sich mit Vögeln und Fischen begnügen. Bekannt und beliebt sind im Haus und am Haus: Hund, Katze, Pferd, Esel, Kaninchen, Meerschweinchen, Goldhamster. Oft leben wir so vertraut mit ihnen, dass wir ihnen wie Freunden eigene Namen geben, an die sie sich gewöhnen. Den Menschen in anderen Ländern sind andere Haustiere vertraut: im Norden das Ren, in Asien das Yak, in Südamerika das Lama, in China die Grille. Im Altertum gehörten zu den Haustieren auch der Gepard, Affen, ja sogar Löwen.

Hirsche (S. 138/139) bilden eine Familie von Paarhufern mit kurzem Schwanz, von denen die Männchen ein Geweih tragen, das von Jahr zu Jahr abgeworfen wird und immer wieder nachwächst, und zwar jedes Jahr ein bisschen größer; nur bei den Rentieren tragen auch Weibchen ein Geweih. Einzeln leben alte Rothirsche, in Familien die Muntjaks, in Rudeln die Rothirsche, in Herden die Rentiere; beim Reh bleibt nur das Muttertier bei den Jungen. Das Fleisch aller Hirscharten schmeckt gut, deshalb werden diese Tiere überall gejagt. Aus ihrer Haut wird das echte Wildleder gemacht. Die meisten Hirsche gibt es in Asien; die Hirsche unserer engeren und weiteren Heimat sind:

Der *Rot-* oder *Edelhirsch*. Seine Länge ist etwa 2,50 m, seine Höhe 1,50 m, sein Gewicht 170 kg. Er wird etwa 17 Jahre alt. Das Weibchen heißt Hirschkuh (Hindin), das Hirschkalb ist hell getupft. Das Geweih, eine Waffe zum Angriff und zur Verteidigung, kann 14 Spitzen und mehr haben (Vierzehnender). Hirsche laufen, springen und schwimmen gut.

Der *Damhirsch*, bis zu 1,70 m lang, knapp 1 m hoch und bis zu 120 kg schwer, ist ein zierlicher Hirsch mit weißer Fleckung. Sein Geweih ist nach rückwärts gebogen, breit und schaufelförmig; in freier Wildbahn lebt er noch in Nordafrika und Südwestasien, in Europa fast nur noch in Tiergehegen.

Der *Elch*, etwa 3 m lang, 2 m hoch, 500 kg schwer, ist der Größte aller Hirsche, hat einen plumpen Körper mit langer Schnauze und überhängender Oberlippe; dazu mächtige Hufe und ein breit ausladendes (2 m), ebenfalls schaufelförmiges Geweih. Er ist in moorigen Wäldern im Norden Amerikas, Asiens und Europas heimisch und geht gern ins Wasser.

Das *Reh* ist zierlich und schlank, 1,30 m lang, 75 cm hoch und 30 kg schwer. Der Bock trägt ein kleines, nicht mehr als sechsendiges Gehörn, das kurzhaarige Sommerfell ist rotbraun, das Winterfell ist dichter und graubraun. Rehe bevorzugen dichte Waldungen und Buschgegenden, wo sie sich tagsüber verbergen. Abends treten sie auf Wiesen und Äcker aus um zu äsen. Die Rehgeißen bekommen häufig Zwillinge.

Das *Ren* (Rentier) lebt in den nördlichen Wäldern und Graslandschaften (Tundra) und ist bei den Lappen und Eskimos ein unentbehrliches, genügsames Haustier. Sein Fell ist dicht, der Schwanz kurz, das Geweih reich verzweigt. Es dient als Reittier und Zugtier, außerdem liefert es Milch und Fleisch, und sein Fell wird als Leder für Zelte und Kleidung verwendet. Das wilde Rentier, das in Herden vorkommt, heißt *Karibu*, es wird wegen seines Fleisches gejagt.

Höhlen (S. 90-93) sind natürlich entstandene oder künstlich hergestellte Hohlräume im Gestein. In der Vorzeit (Eiszeit) lebten Menschen in Höhlen; ihre Felszeichnungen, Werkzeuge und Waffen hat man dort gefunden. Die Bilder, vor allem von Tieren, dienten vermutlich religiösen Zwecken.

Typische Höhlentiere:

Fledermäuse sind für das Leben im Dunkel mit einem äußerst feinen Gehör ausgestattet. Die größte Fledermaus in Europa (Großes Mausohr) hat eine Flügelspannweite von 35 cm.

Nachtfalter wie triphosa sabautiata leben zeitweise in Höhlen.

Spinnen kommen in fast allen Höhlen vor.

Höhlengrillen sind völlig stumm.

Der blinde *Höhlensalmler* ist von Texas bis Panama verbreitet, die blinde *Höhlenbarbe* wurde im Kongogebiet gefunden.

Dem Leben im Dunkel angepasst sind *Krabbe, Molch,* und *Garnele.*

Hühnervögel (S. 182/183) sind gedrungene, meist am Boden lebende Scharrvögel mit kleinem Kopf, starkem kurzem Schnabel, abgerundeten Flügeln und mittelhohen Füßen. Das Federkleid bei den Männchen ist stets farbenprächtiger als bei den Weibchen, auf dem Kopf und unterm Hals finden sich rote Kämme und Lappen. Die Hühnervögel fressen Pflanzen, Kerbtiere und Schnecken.

Das *Haushuhn*, von dem es viele Rassen gibt, stammt vom wilden javanischen Bankiva-Huhn ab, das man noch heute in Indien findet. Seit mehr als 2000 Jahren wurden Haushühner gezüchtet und dabei gelang es, Hühner dazu zu bringen, im Jahr 300 Eier zu legen, während das wilde Huhn nur etwa 20 Eier legt. Das zarte, weiße Fleisch ist ebenfalls sehr begehrt. Das Männchen heißt Hahn, sein Ruf „Kikeriki" ist durchdringend; das Weibchen heißt Henne und wenn es brütet, wird es Glucke genannt; die Jungen heißen Küken.

Das *Birkhuhn* lebt mit Vorliebe in sumpfigem Gelände und lichten Wäldern. Es ist kleiner als das Auerhuhn und unverkennbar wegen seiner scharlachroten nackten Stelle über dem Auge; der Hahn hat meist eine metallisch schwarze Farbe und ist am Bauch weiß gefleckt, auffallend ist sein Gabelschwanz, die Henne ist klein und rostbraun mit hellem Vorderhals.

Die *Waldschnepfe*, in ähnlichen Gebieten lebend wie das Birkhuhn, gehört zu den Stelzvögeln. Sie hat einen 7 cm langen Schnabel und große, hochstehende Augen. Schnepfen werden im Frühjahr gejagt, wenn sie in der Abenddämmerung durch das Gehölz streichen.

Den *Fasan*, einen Hühnervogel mit nackten Beinen, langem Schwanz und ohne Kamm, findet man im offenen, parkartigen Gelände mit dichtem Bodenbewuchs. Das Männchen ist in der Regel prächtig gefärbt, die Schwanzfedern können bis zu 1 m lang werden. Das Tier ist in vielen Rassen vom Schwarzen Meer bis Ostasien verbreitet, sein Fleisch wohlschmeckend. Ursprünglich hielt man die Tiere in Europa wegen ihrer Schönheit in Tiergärten (Fasanerien), von dort gelangten sie in die Freiheit und vermehrten sich.

Die *Wachtel*, ein kleiner, etwa 18 cm großer sandbrauner Hühnervogel mit kurzem Schwanz, lebt auf ungepflegten Weiden, Feldern und Wiesen von Unkrautsamen und Insekten. Der feierlich klingende Ruf des Männchens „Pickperwick" ist besonders nachts und am frühen Morgen zu hören. Die Wachtel ist ein Zugvogel und überwintert in Afrika.

Das *Rebhuhn*, ein erdfarbener Hühnervogel aus der Familie der Fasane, wird etwa 30 cm groß, hat einen rundlichen Körper, kurze Flügel und einen kräftigen, gewölbten Schnabel. Es lebt in Gruppen („Ketten") von 10 bis 25 Tieren vor allem in der offenen und ebenen Landschaft.

Das *Auerhuhn* ist das größte Waldhuhn in Europa. Das allein lebende, in Grün, Braun, und Weiß lebhaft gefärbte Männchen kann mehr als 1 m lang sein und eine Spannweite der Flügel von 1,60 m erreichen; Gewicht 5 kg. Die Auerhenne, etwa ein Drittel kleiner, lebt in Trupps und zwar in dichten Wäldern oder im Gebirge. Im März/April „balzt" der Auerhahn und lockt damit die Henne an. Die Bestände nahmen neuerdings in den Wäldern von Tschechien wieder zu.

Hunde (S. 132) gehören zu den ältesten Haustieren der Menschen; sie wurden schon vor mehr als 10000 Jahren als Wach-, Jagd- und Hirtenhunde sowie zum Ziehen von Schlitten verwendet. Seit damals werden Hunde geschätzt, weil sie so treu, klug, gelehrig und nützlich sind. Durch immer neue Züchtungen entstanden bis heute mehr als 300 Rassen, die im Körperbau stark voneinander abweichen. Der nächste Verwandte unter den wilden Tieren ist der Wolf, was man beim Deutschen Schäferhund noch gut sehen kann. Hunde können ganz unterschiedliche Aufgaben übernehmen, etwa als:

Wachhunde, aus denen sich Hüte- und Hirtenhunde entwickelten, z.B. Dogge, Pudel, Foxterrier;

Diensthunde wie Blindenhunde und Polizeihunde, z.B. Deutscher Schäferhund, Boxer, Schnauzer;

Jagdhunde, die das Wild suchen, jagen, stellen oder aus dem Bau aufstöbern, z.B. Dackel (Dachshund), Vorstehhund, Spaniel.

Haushunde sind Französische Bulldogge, Mops oder Affenpinscher.

Bernhardiner haben einen mächtigen Körper (Gewicht: 80 kg) und eine kantig wirkende Schnauze. Sie sind klug, gutmütig und gelehrig. Ursprünglich dienten sie als Lebensretter in den Hospizen an Alpenpässen (z.B. Großer St. Bernhard) und im Himalaja, wo sie verirrte Wanderer aufspürten und Hilfe für Verunglückte herbeiholten.

Chihuahua heißt die kleinste Hunderasse der Welt; ihr Name stammt von der Stadt in Mexiko, wo man diese Hunde züchtet, die nur so groß wie Meerschweinchen werden.

Dackel (Teckel) heißen eigentlich Dachshunde, weil sie sich gern zur Jagd auf Tiere abrichten lassen, die wie der Dachs unterirdisch in Höhlen hausen. In diese Gänge dringt der Dackel wegen seines walzenförmigen Körpers mit den krummen Beinen leicht ein. Der Kopf ist groß, die

Schnauze lang, das Fell braun. Im Haus sind Dackel gute Wächter, aber zänkisch gegen andere Hunde.
Die *Dogge* hat einen massigen Oberschädel mit kurzer stumpfer Schnauze. Meist sind Doggen kurzhaarig und gelb gefärbt, es gibt sie aber auch geflammt oder gefleckt. Abgebildet ist der Boxer, eine kleinere Rasse.
Der *Foxterrier* wird mittelgroß, hat stahlharte Muskeln, ist stämmig gebaut und äußerst lebhaft und gewandt. Sein glatt-, rau- oder drahthaariges Fell ist schwarzweiß gefleckt. In England, seiner Heimat, dient er als Jagdhund und er ist ein aufmerksamer Wächter.
Pudel sind meist einfarbig schwarz, weiß oder braun, werden mittelgroß und sind flink, quicklebendig und sehr gelehrig und anhänglich. Das engwollige Haar wird häufig auf der Schnauze, am Hinterteil und an den Beinen geschoren.
Der *Deutsche Schäferhund* ist eine weit verbreitete Rasse mit Stehohren, rauem Fell und buschiger Hängerute (Schwanz).
Windhunde sind hochbeinig und schmal gebaut, mit bogenförmig gekrümmtem Rücken und lang ausgezogenem Schnauzenteil. Sie sehen besser als sie riechen können, und als Jagdhunde hetzen sie ihr Wild mit größter Schnelligkeit.
Hundeartige Raubtiere (S. 140/141) Hunde nennt man nicht nur die bekannten Haustiere, sondern auch eine ganze Familie von Raubtieren, zu denen Wolf, Präriewolf, Fuchs, Wüstenfuchs und Hyäne gehören. Die verschiedenen Arten von Raubtierhunden sind auf der ganzen Erde anzutreffen. Sie hören und riechen ganz vorzüglich, und sie können rasch und ausdauernd laufen. Jungtiere sind sehr spielfreudig.
Der *Wolf* ist der Vorfahre der Haushunde. Er wird 85 cm hoch und 1,20 m lang, dazu kommt der buschige Schwanz (Rute); er ähnelt also, abgesehen von seinem gelblich grauen Pelz, einem großen Schäferhund. Früher gab es Wölfe in ganz Europa, heute kommen sie nur noch in Südeuropa (z.B. Spanien) und Osteuropa (z.B. Polen) sowie in Asien und Nordamerika vor. Sie sammeln sich vor allem im Winter zu Rudeln und jagen ihre Beute – Rehe, Hirsche, Wildschweine, aber auch Haustiere und Menschen – gern gemeinsam. In den Märchen und Tiergeschichten trat der Wolf oft als gieriger und heuchlerischer, dabei nicht sehr kluger Räuber auf.
Der *Präriewolf* (Heulwolf, Koyote) gleicht mit seinem gelbbraunen Fell und dem buschigen Schwanz dem Wolf, mit seiner zugespitzten Schnauze dem Fuchs. Er wird etwa 55 cm hoch und 1 m lang. Man findet ihn von den Prärien Nordamerikas bis zu den Wüsten Mexikos.
Der *Fuchs* (Rotfuchs) wird 40 cm hoch und mit dem buschigen Schwanz ca. 1 m lang. Sein dreieckig wirkender Schädel läuft in der spitzen Schnauze aus. Er kommt in Europa, Nordafrika, Asien und Nordamerika vor. Während Hunde meist gesellig in Rudeln zusammenleben, ist der Fuchs ein Einzelgänger. Füchse jagen kleine Säugetiere und Vögel, fressen aber auch Insekten und Beeren. Sie hausen in weitläufigen Erdhöhlen mit Wohnkessel und mehreren Ausgängen, wobei sie lieber einen alten Dachs- oder Kaninchenbau beziehen als selbst graben. Weil sie die Tollwutseuche übertragen, hat man in Mitteleuropa die Absicht die Füchse gänzlich auszurotten. In den Märchen und Tiergeschichten verkörpert der Fuchs Schlauheit, List und Gewandtheit. Abarten des Fuchses, je nach der Färbung Blaufuchs, Silberfuchs und anders genannt, werden wegen der wertvollen Pelze in Fuchsfarmen gezüchtet.
Der *Wüstenfuchs* (Fennek) ist zierlich (20 cm hoch, mit Schwanz 65 cm lang) und mit seinem fahlgelben, seidenweichen Fell und den übergroßen Ohren (Lauscher) drollig anzusehen.
Die *Hyäne* ist ein Raubtier, das nachts, in Rudel zusammengeschart, auf Beute ausgeht. Ihre Backenzähne sind so stark, dass sie die Schenkelknochen eines Zebras mühelos zermalmen kann. Das unangenehme Aussehen mit der zum Schwanz abfallenden Rückenlinie, die hässliche Ausdünstung und das durchdringende Bellen haben das Tier seit der ältesten Zeit in Verruf gebracht.
Die *Fleckenhyäne* ohne Rückenmähne (1,30 m hoch, ohne Schwanz 1,30 m lang) kommt nur in Süd- und Ostafrika vor; die Streifenhyäne, etwa gleich groß mit langhaarigem Pelz und großen nackten Ohren, gibt es in Nordafrika und Südasien.
Igel (S. 137) Der Igel ist der größte europäische Insektenfresser und jagt bei Nacht Mäuse und Schlangen, auch Giftschlangen wie die Kreuzotter, deren Gift bei ihm unwirksam ist. Bei Gefahr rollt er sich zu einer Stachelkugel zusammen. Seine Rückenstacheln sind bei der Geburt weiche Borsten, die an der Luft hart werden und hart bleiben. Den Winter verschläft er in einem Laubnest oder Erdbau. Bei uns ist der Igel vor allem in Gefahr, wenn er nachts Straßen überquert und von Autos erfasst wird. Als Nahrung sucht der Igel:
Schnecken, wie Gartenschnecke, Wegschnecke, Weinbergschnecke. Schnecken sind Weichtiere, die am Land und im Wasser leben. Der Kopf trägt die Sinnesorgane – zwei oder vier Fühler, zwei Augen – die Reibzunge ist mit Zähnchen besetzt, damit werden die Pflanzen abgeraspelt. Der Fuß bildet eine lange Kriechsohle, durch die Absonderung von Schleim können Schnecken sogar über Rasierklingen kriechen ohne sich zu verletzen. Viele Schnecken bauen aus Kalk, den ihre Haut hervorbringt, ein Haus, in das sie sich zurückziehen können.
Der *Maikäfer* ist ein häufiger und sehr schädlicher Blatthornkäfer, dessen Larve (Engerling) 2-3 Jahre im Boden an Pflanzenwurzeln frisst und größeren Schaden anrichtet als der Käfer selbst, der im dritten oder vierten Jahr erscheint und sich über die Blätter von Laubbäumen hermacht. Außer dem Igel stellen ihm Fledermaus, Marder, Fuchs und Maulwurf nach.
Die *Assel* – im Bild eine hellgraue, etwas glänzende Mauerassel – ist ein flaches und breites Krebstier, meist klein und lichtscheu.
Der *Regenwurm* kann 36 cm lang werden. Er frisst Röhren in das Erdreich, nimmt dabei pflanzliche und tierische Fäulnisstoffe auf und stößt die unverdaulichen Teile wieder aus. So lockert, lüftet und mischt der Regenwurm den Boden. Regenwürmer kommen nach starken Regenfällen gern an die Erdoberfläche, daher stammt ihr Name.
Tausendfüßer sind lang gestreckte, wurmförmige Gliederfüßer mit mehr als drei, aber höchstens 93 Fußpaaren – also nicht 1000 -, vielgliedrigen Fühlern, Punktaugen und kauenden Mundwerkzeugen.
Jura (S. 82/83) heißt eine lange Zeit im Mittelalter der Erdgeschichte. Ihre Tiere und Pflanzen kennen wir aus oft wunderbar erhaltenen Versteinerungen. In diesem Zeitraum herrschte das Meer. Hier tummelten sich große Reptilien, die Fischechsen (Ichthyosaurier) und die Ruderechsen (Plesiosaurier). Die Ichthyosaurier wurden minde-

stens 13 m lang; mit ungefähr 200 Zähnen bissen sie zu. Der Vorteil der Plesiosaurier war ihr langer, beweglicher Hals: blitzschnell konnten sie die Beute fassen. Prächtige, doch auch gefährliche Tiere waren die Seelilien, die sich gern auf einem Holzstück im Meer treiben ließen, um dann mit ihren unzähligen Armen und Fäden Beute zu erhaschen. Die Jura-Tintenfische (Belemniten) waren vollendete Raketenschwimmer: vom Rückstoß des ausgepressten Wassers getrieben, schossen sie durch das Meer. Vielfältige Formen entwickelten die Ammoniten mit ihrem spiralig gerollten Körper: es fanden sich Reste von kleinen, zierlichen knapp 1 cm großen Schalen, aber auch Rissen mit 2 m Durchmesser. In dieser Epoche machten Flugsaurier (Pterosaurier) erste Gleitversuche mit Flughäuten, ähnlich wie Fledermäuse, dann erhob sich, wohl mehr hüpfend als fliegend, der kleine Urvogel Archäopteryx in die Lüfte.

Käfer (S. 172) gibt es auf der ganzen Welt und man hat mehr als 50000 verschiedene Arten dieser Insekten gezählt. Es gibt winzige Käfer, die man mit dem bloßen Auge gar nicht erkennen kann, während die größten Käfer, wie etwa der Herkuleskäfer, mehr als 15 cm lang werden. Der Käferkopf trägt beißende Mundteile sowie Fühler, die in vielfältigen Formen auftreten. Die Vorderbrust ist vom übrigen Körper sichtlich abgesetzt und beweglich. Die dünnen, kreuz und quer faltbaren Hinterflügel werden von den ledrigen oder harten Vorderflügeln zugedeckt und geschützt. Die paarweise angeordneten sechs Beine dienen zum Laufen, Springen, Schwimmen oder Graben. Viele Käfer sind schädlich, weil sie Nahrungsmittel (Getreidekäfer) oder Pflanzen (Kartoffelkäfer) zerstören. Es gibt aber auch nützliche Käfer wie die Marienkäfer, die Blattläuse vertilgen. Als Räuber, als Aas-, Kot-, Pflanzen- und Allesfresser sind die Käfer allen nur möglichen Lebensbedingungen angepasst. Man unterscheidet hauptsächlich zwischen Raubkäfern und Vielfressern. Seltene Käfer wie der Hirschkäfer stehen unter Naturschutz.

Kartoffel (S. 105) Die Kartoffel ist eine Staudenpflanze mit rauhaarigen, gefiederten Blättern und weißen oder rot-blau-violetten Blüten. Die grünen Beerenfrüchte sind giftig, während an den Stängeln unter der Erde die essbaren Knollen wachsen. Die Knollen haben in den Vertiefungen Knospen („Augen"), aus denen im Frühjahr die neuen Triebe kommen. Neben dem Brot ist die Kartoffel unser wichtigstes Nahrungsmittel. Sie wurde etwa 1550 aus Südamerika – zuerst als Zierpflanze – nach Europa gebracht und in Deutschland seit den Hungerjahren um 1770 allgemein angepflanzt.

Kartoffelkäfer (S. 105) Er ist etwa 1 cm lang, oval und trägt auf den gelben Flügeldecken zehn schwarze Längsstreifen. Das Weibchen kann 1800 Eier in Häufchen an der Unterseite der Blätter ablegen; daraus entwickeln sich die rötlichen, schwarz gepunkteten Larven. Käfer und Larven fressen die Stauden kahl. Der Käfer wurde nach dem Ersten Weltkrieg aus Nordamerika („Coloradokäfer") nach Europa eingeschleppt und verbreitete sich damals sehr schnell, da er fast keine natürlichen Feinde hatte. – Er geht auch an Tomatenpflanzen.

Katze (S. 133) Die Katze war schon vor 5000 Jahren bei den Ägyptern ein Haustier und ein heiliges Tier. Von der afrikanischen Falbkatze, einer Wildkatze, stammen alle Hauskatzen ab. Heute sind mehr als 20 verschiedene Rassen von Katzen bekannt. Sie sind nützlich, weil sie auf Mäuse und Ratten Jagd machen. Sie gelten auch als Vogelräuber, doch sind Elster, Krähe und Häher den Singvögeln viel schädlicher als Katzen. Katzen sind anspruchslos, eigenwillig und verspielt, verwildern aber leicht, wenn sie in Freiheit gelangen. Sie sehen, hören und riechen vorzüglich, der Geruchssinn ist schwächer als beim Hund, indessen stärker als beim Menschen. Zu den Kurzhaarrassen gehören die wildfarbene Tigerkatze oder die Siamkatze, zu den aus Asien stammenden Langhaarrassen gehören die Angorakatzen. Das männliche Tier wird Kater genannt.

Katzenartige Raubtiere (S. 156/157) bilden eine Familie mit etwa 40 Arten. Sie haben alle eine kurze Schnauze und ihr Gebiss ist mit kräftigen Eckzähnen und scharfen Backenzähnen ausgestattet. An den Pfoten, auf denen sie fast unhörbar ihre Beute beschleichen, sind vorn fünf, hinten vier mit Krallen bewehrte Zehen, die nur der Gepard nicht einziehen kann. Katzen hören und sehen sehr gut, besonders bei Nacht, wo das Auge auch noch die geringsten Lichtspuren aufnimmt. Die langen Schnurrhaare dienen als Organ zum Tasten. Das Bild zeigt die folgenden Großkatzen:

Der *Gepard* (Jagdleopard). Er kommt in Afrika und Asien vor, hat ein schwarzgelb geflecktes Fell und gilt als das schnellste Säugetier: er erreicht in vollem Lauf eine Geschwindigkeit von mehr als 100 km/h. Mit seinen hohen Läufen erinnert er mehr an einen Windhund als an eine Katze. Die Körperlänge beträgt etwa 1,35 m, die Höhe 80 cm; in Indien wurde er gezähmt und zur Jagd abgerichtet.

Der *Jaguar*. Diese rotgelbe, dunkel gefleckte Raubkatze aus Süd- und Mittelamerika ähnelt dem Leoparden, nur ist ihr Körper plumper und ihr Schwanz kürzer als die Körperlänge (2 m). Der Jaguar lebt besonders gern in der Buschsteppe und an den bewaldeten Ufern der großen Ströme und ist gefürchtet, weil er in die Rinder- und Pferdeherden einbricht und, wenn er ausgehungert ist, sogar Menschen anfällt.

Der *Löwe*. Er ist das größte katzenartige Raubtier, wird 2 m lang, 1 m hoch und 175 kg schwer. Heute ist er nur noch in Afrika südlich der Wüste Sahara und an wenigen Orten in Asien zu finden. In der Dunkelheit macht er Jagd auf Antilopen, Zebras, Rinder und andere Tiere, die er mit einem mächtigen Sprung von knapp 10 m von hinten überfällt. Das Fell der Löwen ist gelbbraun, der Schwanz hat eine dichte Quaste und das erwachsene Männchen eine dunklere, wallende Mähne. Löwen leben in Familien zusammen; der Berber-Löwe ist ausgerottet, der indische Löwe steht wegen seiner Seltenheit unter Schutz.

Der *Luchs*. Diese hochbeinige, rötlich graue Raubkatze von der Größe eines Schäferhundes (1 m lang, 75 cm hoch, 45 kg schwer) fällt auf durch die pinselförmigen Haarbüschel an den Ohren, kurzen Schwanz und lange, steife Schnurrhaare. Der Luchs lebt in großen Waldgebieten, klettert vorzüglich und jagt Vögel und kleinere Säugetiere, manchmal sogar Rehe, die er mit seinen großen Pranken niederschlägt. In Mitteleuropa ist er ausgerottet, er wird heute nur noch in Nordeuropa und Sibirien angetroffen.

Der *Ozelot* wird auch Pantherkatze genannt; er ist schwarz gefleckt, langschwänzig und ungefähr so groß wie ein Luchs. In den Wäldern Mittel- und Südamerikas von Texas bis Argentinien macht er Jagd auf Vögel und kleine Säugetiere. Sein kostbares Fell ist sehr gesucht.

Der *Panther* (Leopard). Diese Großkatze (1,50 m lang) lebt in den Wäldern und Steppen von Afrika und Asien, klettert gewandt und wird selbst Großsäugetieren und Menschen gefährlich, die sie von den Bäumen herunter anspringt. Das Fell ist gelblich mit schwarzen Flecken, auf den Sunda-Inseln gibt es auch eine Abart mit ganz schwarzem Fell. Im Gegensatz zu Löwen oder Tigern lässt sich der Panther nicht zähmen.
Der *Puma*. Er wird auch Silberlöwe genannt und ist eine Wildkatze (1 m lang) aus Amerika. Das Fell ist in der Jugend gefleckt, später rötlich grau. Er greift kleine Säugetiere und auch Kälber und Rehe an, den Menschen aber nur, wenn er sich bedroht fühlt. Ein jung gefangener Puma ist leicht zu zähmen.
Der *Serval*. Diese hochbeinige, fahlgelbe, schwarz gefleckte Wildkatze in den Steppen Afrikas wird ohne Schwanz etwa 1 m lang.
Der *Tiger*. Tiger sind groß (ca. 2 m lang) und schwer (200 kg), aber behänd und schnell. Es gibt sie nur in Asien, wo sie sich tagsüber als Einzelgänger im Dschungel verbergen, nachts aber auf Raub ausgehen und sogar Dörfer auf der Suche nach Beute überfallen. Ihr gelbrotes Fell hat viele unregelmäßige schwarze Querstreifen. Am größten ist der dicht behaarte sibirische Mandschu-Tiger, der vom Kopf bis zum Schwanz 4 m misst, am kleinsten ist der Sunda-Tiger auf Sumatra, Java und Bali.
Kläranlage (S. 20) Gebrauchtes Wasser (Abwasser) muss mit viel Mühe und Kosten gesäubert werden, bevor es wieder in Flüsse und Seen geleitet wird. Aus Küche, Bad, Toilette, aus Schulen, Büros und Fabriken kommt das Wasser zunächst in die Kanalisation: in diesen unterirdischen Kanälen fließt es zur Kläranlage. Im Wasser schwimmt vieles andere: Kot und Papier, Speisereste, Zigarettenstummel, Plastiktüten; eine scheußliche Brühe. Im Zulaufbecken setzt sich grober Sand am Boden ab, Rechen fischen die festen Abfälle heraus; dies alles wird gepresst und zur Müllverbrennung geschafft. Im Ölsandfangbecken wird Luft ins Wasser geblasen, dann steigen Öl und Fette an die Oberfläche und verklumpen sich. Diese Klöße und andere Schwimmstoffe werden herausgefischt und ebenfalls weggeschafft. Schlamm setzt sich im Vorklärbecken ab und wird herausgepumpt. Dieser Schlamm macht viel Arbeit: er wird erhitzt, damit Krankheitserreger abgetötet werden, dann eingedickt, damit er nicht viel Platz beansprucht, und zuletzt als Düngemittel auf den Feldern verwendet. Überflüssiger Schlamm muss auf der Deponie gelagert werden. Gas, das bei der Behandlung des Schlamms anfällt, wird aufgefangen und genutzt, um Strom oder Dampf zu erzeugen. Jetzt ist das Wasser schon viel sauberer. Im Belüftungsbecken werden mit chemischen Mitteln vor allem die Phosphate gebunden; sie stammen meist aus Waschmitteln und müssen entfernt werden, damit sie später im Fluss nicht das Wasser verderben. Aus dem Nachklärbecken wird das Wasser in das Filterbecken gehoben, ein Sandfilter hält dort die allerletzten Schmutzteilchen zurück. Nun ist das Wasser sauber und wieder fast klar, nur riecht es noch, doch den Menschen und der Umwelt schadet es nicht mehr. Dies alles zeigt, was Umweltschutz beim Wasser ist und was jeden angeht: nur Wasser, das nicht verschmutzt wird, muss nicht gereinigt werden, und das heißt für uns: Wasser sparen, immer.
Kraftwerk (S. 16/17) Elektrizität ist eine Naturkraft, die schon vor mehr als 2000 Jahren festgestellt wurde, als der griechische Gelehrte Thales beobachtete, wie Bernstein Federn anzog, nachdem er mit einem Tuch gerieben worden war: Man kann also Elektrizität nicht sehen und mit Händen greifen, sondern nur ihre Wirkung beobachten. Diese Naturkraft spendet Wärme und Licht und zieht bestimmte Gegenstände an oder stößt sie ab (Magnet).
Elektrizität ist in allen Dingen der Erde enthalten. Gewöhnlich sind die elektrischen Kräfte im Gleichgewicht, dann sieht man keine Wirkungen. Wenn aber „Spannungen" dieses Gleichgewicht stören, treten elektrische Wirkungen ein. Elektrizität wird verwendet zum Antrieb von Motoren, zur Beleuchtung und zur Heizung, zu Heilzwecken und bei Funk, Fernsehen und Telefon.
Erzeugt wird Elektrizität im Kraftwerk, einer großen Fabrik. Meist sind es Großkraftwerke, die ausgedehnte Gebiete mit Energie versorgen. Die gebräuchlichste Form des Kraftwerks ist das Wasserkraftwerk. Dabei wird die Kraft des strömenden Wassers – etwa eines Flusses – oder die Wucht des herniederstürzenden Wassers auf Turbinen geleitet. Diese Turbinen treiben dann Maschinen an, die Strom erzeugen: die Generatoren. Bei Speicherkraftwerken wird das Wasser in natürlichen oder künstlichen Seen (Talsperre, Stausee) manchmal über Wochen und Monate hinweg gesammelt und dann eingesetzt, wenn man es braucht. Wärmekraftwerke lassen die Generatoren von der Kraft der Hitze antreiben, die bei der Verbrennung von Steinkohle, Braunkohle, Torf, Gas oder Öl entsteht. Seit 1954 werden Kernkraftwerke gebaut. Dabei erzeugt ein Kernreaktor die Hitze, die zur Dampfgewinnung erforderlich ist. Wegen der großen Gefahren, die mit dem Betrieb solcher Kernkraftwerke verbunden sind, wird heute auch nach anderen Möglichkeiten der Erzeugung von Strom gesucht: die Kräfte der Sonne, des Windes, des Wassers, der Glut im Erdinnern sollten statt dessen genutzt werden.
Krebstiere (S. 166/167) Krebse sind Gliederfüßer, deren Körper gepanzert ist und die reich gegliederte, gelenkige Beine haben. Man kennt im Süßwasser und im Salzwasser etwa 30000 Arten. Der größte Krebs ist der Hummer, ein zehnfüßiger Krebs mit gewaltigen Scheren; er lebt an den europäischen Küsten von Muscheln und wird wegen seines vorzüglichen Fleisches gefangen. Der *Einsiedlerkrebs* ist ebenfalls ein Zehnfußkrebs der Meeresküste mit großen Scheren; der Hinterleib verbirgt sich gern in leeren Schneckenhäusern. Die *Krabben* sind kurzschwänzige Zehnfußkrebse ohne Schwanzflosse; sie laufen meist seitwärts. Die *Langguste* ist ein scherenloser, langschwänziger Krebs mit Fühlern und langen Stacheln. Sie ist im Mittelmeer, am Ärmelkanal und an der Südküste Irlands zu finden. Die *Garnele* ist ein kleiner Schalenkrebs, der häufig in der Nordsee gefangen wird.
Kuckuck (S. 179) Der Kuckuck ist ein Zugvogel und gehört zur Ordnung der Kuckucksvögel, die rund 200 Arten umfasst. Die meisten sind etwa so groß wie Tauben. Anfang August fliegen unsere Kuckucke ins mittlere und südliche Afrika, in der zweiten Aprilhälfte kehren sie zu uns zurück. Am sitzenden Kuckuck fällt die weiße, wie beim Sperber quer gestreifte Unterseite auf, Oberseite und Kehle sind bleigrau, der lange, runde Schwanz ist schiefergrau mit weißen Flecken und Spitzen. Als einziger Vogel unserer Heimat überlässt der Kuckuck anderen Vögeln die Aufzucht seiner Jungen: er ist ein „Brutparasit". In einem unbewachten Augenblick legt das Weib-

chen ein Ei in das Nest eines Singvogels, und zwar bei der gleichen Art, die auch seine Pflegeeltern waren. Nach zwölf, dreizehn Tagen schlüpft der junge Kuckuck aus und schiebt als erstes die anderen Eier über den Nestrand; er benötigt für sich allein so viel Nahrung wie fünf andere Junge. Sechs Wochen lang wird er gefüttert, am Ende übertrifft er seine Pflegeeltern weit an Größe und Gefräßigkeit. Der ausgewachsene Kuckuck ist nützlich, weil er die großen Raupen vertilgt. Er ist sehr scheu und lässt sich selten blicken, den mächtigen Ruf des Männchens aber hat schon jeder gehört.

Laubbäume (S. 118/119) sind Holzgewächse mit einem langen, festen Stamm, der sich in Äste und Zweige auflöst. Ihr Holz ist meist härter als das der Nadelbäume. Bei den sommergrünen und winterkahlen *Laubbäumen* sind die Blätter zart. Dieses Laub fällt in unserer Heimat vor Beginn des Winters zu Boden. Teils stehen die Laubbäume in Wäldern zusammen (Buche und Eiche), teils mit Nadelbäumen gemischt. Linden stehen oft einzeln, etwa auf Dorf- und Stadtplätzen. Sie können ähnlich wie Eichen mehr als 1000 Jahre alt werden. Das Alter kann man an den Jahresringen abzählen. Im Bild sind mit Umrisszeichnung, Blatt und Frucht bzw. Sämlingen folgende Bäume zu sehen:

Der *Ahorn*, ein rasch wachsender Baum (auch Strauch) mit hartem, schwerem, weißlichem Holz. Die Blätter des häufigen Spitz-Ahorns, der eine Höhe von 25 m erreichen kann, sind buchtig gezähnt mit vorgezogenen Spitzen, die Früchte geflügelt.

Die *Eiche*, eine besondere Art der Buchengewächse, vor allem in Nordamerika und Asien verbreitet, mit gelbrötlichem bis graubraunem, wertvollem Holz. Bei uns gibt es die 30-40 m hohe, einander sehr ähnlichen Winter-(Stein-) Eichen und die Sommer-(Stiel-)Eichen. Die in einem Becher sitzenden, eiförmigen Früchte heißen Eicheln, die Blätter sind gelappt. Im Mittelmeergebiet gibt es die Korkeiche, aus ihrer Rinde wird der echte Kork gemacht.

Die *Rosskastanie* ist ein etwa 20 m hoher Baum. Er hat große, handförmige Blätter und in Rispen stehende weiße Blüten mit gelben und roten Flecken. Die braunen, bitteren Früchte stecken in einer grobstacheligen Hülle. Die Rosskastanie ist mit der Edel- oder Esskastanie nicht verwandt. Diese bringt in einer feinstacheligen Hülle Früchte von süßem, mehligem Geschmack hervor.

Die *Linde* wird 25-30 m hoch, hat herzförmige Blätter und wohlriechende Blüten an einem zungenförmigen Tragblatt, das nach der Fruchtreife als Flugorgan dient. Bei uns gibt es die Sommerlinde mit großen und die Winterlinde mit kleinen Blättern. Tee aus Lindenblüten ist ein Heilmittel.

Die *Birke*, an der glatten, meist gelbbraunen oder weiß glänzenden Rinde sowie an den hängenden (männlichen) Blütenkätzchen zu erkennen, bildet Wälder in Nordrussland, kommt in unserer Heimat aber mehr einzeln stehend vor, besonders auf trockenem Boden oder in der Ebene und im Gebirge. Tee aus Birkenblättern ist ein Heilmittel.

Die *Buche* – als Rotbuche – ist der wichtigste und am meisten verbreitete Laubbaum Mitteleuropas. In Deutschland sind knapp die Hälfte aller Bäume Buchen. Sie wächst in den Wäldern hochstämmig, hingegen entwickelt sich die Krone in die Breite, wenn der Baum einzeln steht. Die Buche wächst langsam und stirbt nach 150-200 Jahren ab. Die Blätter sind glatt und dunkelgrün an der Oberseite, an der Unterseite heller gefärbt. Die dreikantigen Früchte – Bucheckern – treten meist alle vier Jahre vermehrt auf, aus ihnen kann man Speiseöl machen.

Die *Ulme* (Rüster) ist ein stattlicher Baum mit ungleich verformten Blättern und büscheligen Blüten, die Früchte sind pfenniggroße, breit geflügelte Nüsschen. Das Holz ist wegen seiner schönen Maserung für Möbel beliebt.

Die *Pappel* ist ein bis 35 m hoher und schlanker Baum. Seine Blüten in der Form grünlicher, hängender Kätzchen erscheinen vor den Blättern. Die weiblichen Bäume verbreiten nach der Reife große Mengen behaarter Flugsamen (Pappelwolle). Pappeln wachsen sehr schnell und bevorzugen feuchten Boden.

Luftschiff (S. 72/73) Ein Luftschiff ist ein Ballonfahrzeug, das – von einem Motor angetrieben – leichter ist als die Luft, die es verdrängt, und das deshalb in der Luft „schwimmt". Der Ballonkörper ist mit dem leichteren Gas gefüllt, der Antrieb und die Fahrgasträume sind in Gondeln darunter untergebracht.

Ein fischförmiges Lenkluftschiff konstruierten die Schweizer Waffenschmiede Egg und Pauly bereits 1815 in London. Die Gondel war mit zwei Rudern bestückt, die das Fahrzeug in der Luft fortbewegen sollten. Den ersten größeren Flug mit einem lenkbaren zigarrenförmigen Luftschiff unternahm der Franzose Giffard im Jahre 1852 in Paris. Der Ballon, der mit Leuchtgas gefüllt war, hatte eine Länge von 44 m und war in der Mitte 12 m hoch. Angetrieben wurde das Fahrzeug mit einer kleinen Dampfmaschine, die einen mannsgroßen Propeller in Bewegung setzte. Dieses Lenkluftschiff erreichte in etwa 1800 m Höhe die Geschwindigkeit eines Fußgängers. In den Jahren 1898-1903 machte der brasilianische Millionär Santos-Dumont durch Flüge über Paris und dem Mittelmeer mit seinen Luftschiffen, die von einem Benzinmotor mit zweiflügeliger Luftschraube angetrieben wurden, das lenkbare Luftschiff populär. Unter dem Spitzballon befand sich das lange Gestell, in dessen Mitte der Luftschiffer neben dem Motor auf einem Fahrradsattel sitzen konnte. Höhepunkt, aber auch vorläufiger Abschluss in der Entwicklung der Luftschiffe waren die Fluggeräte des Grafen Zeppelin zwischen 1900 und 1937. Der mit dem sehr leichten, aber gefährlichen Wasserstoffgas gefüllte Ballonkörper wurde durch ein starres Gerüst mit Ring- und Längsspanten gebildet, die mit silbergrauem Baumwollstoff überzogen waren. Benzin- oder Dieselmotoren trieben die Luftschrauben an. Passagiere wurden in der vergleichsweise kleinen Gondel befördert. Untergebracht wurden die „Zeppeline" in riesigen Luftschiffhallen. Das abgebildete Luftschiff LZ 127 „Graf Zeppelin" wurde 1928 gebaut, es war 235 m lang und konnte eine Last von 15000 kg transportieren. 1929 umflog es die Welt in 22 Tagen und überquerte 139-mal den Atlantik zwischen Europa und den Vereinigten Staaten. Als das Luftschiff „Hindenburg" 1937 in Lakehurst explodierte, bedeutete dies das vorläufige Ende der Verkehrsluftschiffe, zumal deren Reisegeschwindigkeit von den Flugzeugen weit übertroffen wurde. Heute werden wieder kleinere Luftschiffe gebaut. Sie fliegen vor allem zu Werbezwecken.

Marder (S. 142) heißt eine Familie von kleinen, schlanken, wendigen Raubtieren. Die Tiere wurden auch wegen ihres schönen Fells (für Pelzmäntel) sehr viel gejagt und sind in der freien Natur selten. Einzelne Arten werden heute besonders gezüchtet. Das Bild zeigt:

Baummarder (Edelmarder), braun mit goldgelbem Kehl-

fleck, Körper 45 cm, Schwanz 25 cm lang. Jagt kleine Säugetiere wie Eichhörnchen sowie Vögel.
Hermelin (großes Wiesel), im Sommer kastanienbraun, im Winter ganz weiß bis auf die schwarze Schwanzspitze, Körper 30 cm, Schwanz 10 cm lang. Das Tier war seit jeher selten, der kostbare weiße Hermelinmantel war früher Königen und regierenden Fürsten vorbehalten.
Iltis (Ratz), schwarzbraun mit hellen Flanken, Körper 45 cm, Schwanz 15 cm lang. Jagt Ratten, Mäuse, Frösche, Schnecken, aber auch Geflügel.
Dachs (Grimbart), kräftiger, plumper Allesfresser mit kurzem Schwanz, dickem Hals und starken Grabkrallen, Fell grau-schwarz, Kopf schwarz-weiß mit langer Schnauze, Länge mit Schwanz 90 cm. Der Dachs haust in einem unterirdischen, selbst gegrabenen Bau (Kessel) mit vielen Ausgängen (Röhren), den er nachts verlässt, um Schnecken, Würmer, Insekten und Früchte zu suchen. Er hält einen festen, langen Winterschlaf.
Fischotter, eine Marderart, die sich dem Wasserleben angepasst hat: kleine, verschließbare Ohren, Schwimmhäute zwischen den Zehen, Schwanz lang und dick, Schnauze breit, Länge bis 1,50 m. Das Tier schwimmt vorzüglich, wenn es bei Nacht auf Fische, Krebse und Wasservögel Jagd macht.
Zweigwiesel, ein schlankes, kleines (17 cm) Raubtier von schlangenhafter Beweglichkeit, Oberseite braunrot, Unterseite weiß. Es jagt vor allem Mäuse, fällt aber sogar Wildkaninchen an.

Markt (S. 32/33) heißt der Platz, wo Käufer und Verkäufer zusammenkommen, um Waren auszutauschen. In früheren Zeiten spielte sich hier auch das öffentliche Leben ab: hier trat bei den alten Griechen und Römern die Volksversammlung zusammen, um wichtige Fragen zu besprechen und zu entscheiden. Bei uns liegen Marktplätze meist in der Stadtmitte rings um die Hauptkirche, auch das Rathaus oder das Gerichtsgebäude stehen hier oder ganz in der Nähe. Auf dem Markt bildet sich durch den Vergleich von Angebot und Nachfrage der Preis; sollte es etwa in einem Jahr zu einer Pflaumenschwemme kommen, müssen die Bauern billig verkaufen, um nicht auf der Ernte sitzen zu bleiben. Der Preis sinkt also bei starkem Angebot und geringer Nachfrage; wenn es umgekehrt ist, steigt er. Der Wettbewerb ist am größten, wenn viele kleinere Nachfrager und Anbieter vorhanden sind. In der freien Marktwirtschaft sucht der Staat zu erreichen, dass die Preise durch Wettbewerb zu Stande kommen und einzelne Menschen oder Unternehmen nicht allein über bestimmte Wirtschaftszweige verfügen.

Maulwurf (S. 136) Der Maulwurf ist ein Säugetier mit einer spitzen, rüsselförmigen Schnauze, einem samtartigen, blauschwarzen Fell und gedrungenem Körper, der die Länge einer Ratte (15-18 cm) erreichen kann. Die Augen sind klein, oft verdeckt, die Ohrmuscheln sind nicht sichtbar. Er riecht, hört, tastet, klettert und schwimmt gut, lebt unter der Erde in selbst gegrabenen Gängen und wirft die Erde zu Hügeln auf. Seine Vorderpfoten sind verkürzt und wie Schaufelhände nach außen gespreizt. Der Maulwurf ernährt sich von Regenwürmern, Insektenlarven, Engerlingen und Mäusen; er steht unter Naturschutz. Er gehört zu den ältesten Säugetieren, die man auf der Erde nachweisen kann.

Maus (S. 134) Die Maus ist ein kleines, behändes, meist unterirdisch lebendes Nagetier, von welchem mehr als 300 verschiedene Arten auf der ganzen Erde verbreitet sind. Ein Mäusepärchen kann in einigen Jahren Millionen von Nachkommen hervorbringen; diese ungeheure Vermehrung wird von den Menschen mit Gift bekämpft und außerdem haben die Mäuse scharfe natürliche Feinde, z.B. Greifvögel, Füchse und Katzen. Die meisten Mäuse sind schädlich, weil sie Lebensmittel anfressen und Krankheiten übertragen können. Bei uns ist vor allem bekannt die etwa 6 cm lange, dünnschwänzige graue Hausmaus, die Feldmaus mit kurzem Schwanz und die hellbäuchige Waldmaus. Besonders gezüchtet wurde die weiße Maus mit roten Augen.
Zur Familie der Mäuse gehören auch die *Ratten*, allesfressende und sehr schädliche Nagetiere mit großen Ohren und schuppigem Schwanz, der meist aus mehr als 200 Ringen gebildet ist. Die braunschwarze Hausratte bevorzugt als Nahrung Pflanzen wie Getreide und Obst, ihr Körper ist 16 cm, ihr Schwanz 19 cm lang. Viel häufiger ist heute bei uns die größere (Körper 24 cm, Schwanz 19 cm), bräunlich graue Wanderratte, die in Kellern, Ställen, an Flüssen und Kanälen zu finden ist; sie frisst Fleisch, Fisch, Hühner, nagt Schweine an und kann sogar Säuglingen gefährlich werden. Ratten werden durch Gift bekämpft und durch besonders abgerichtete Hunde (Pinscher und Foxterrier) gejagt; wichtig ist, Abfall-, Müll- und Gerümpelhaufen zu beseitigen, sonst werden Ratten angelockt. Früher waren Ratten besonders gefürchtet, weil sie die Pest durch Rattenflöhe übertrugen und dadurch ganze Städte und Landstriche entvölkert wurden.

Meer (S. 78/79) nennen wir die zusammenhängende Wasseroberfläche, die rund zwei Drittel der Erdoberfläche bedeckt. Die Kontinente sind wie Inseln im Weltmeer. Wir unterscheiden den Atlantischen, den Indischen, den Pazifischen (Stillen) Ozean sowie das Nordpolarmeer. Binnenmeere wie die Ostsee oder das Kaspische Meer sind in einen Erdteil eingelagert, das Mittelmeer trennt die Kontinente Europa und Afrika. Das Festland senkt sich bis zu einer Tiefe von 200 m allmählich ins Meer hinein; dann geht es bis in eine mittlere Tiefe von 3800 m steil abwärts. Einige Tiefseegräben sind mehr als 10000 m eingeschnitten; im Marianengraben wurde mit einer Taucherkugel die größte bisher gemessene Meerestiefe erreicht: 11521 m. Die Farbe des Meerwassers schwankt zwischen Reinblau und Grün; sie hängt ab von Luftfeuchtigkeit, Sonneneinstrahlung und Trübung durch Kleinlebewesen (Plankton). Meerwasser ist im Gegensatz zum Quellwasser salzig; in 1 kg Meerwasser gibt es durchschnittlich 35 g Salz, daher gefriert es erst bei -2°C. Die Temperatur der Weltmeere schwankt zwischen -1,9°C in den Polarmeeren und +29°C in den Westindischen Gewässern, zum Meeresgrund hin wird es kälter. Das Wasser ist immer durch Wellen bewegt. Meist entstehen sie durch Wind. Sturmwellen können 15 m hoch werden. Es gibt aber auch große Strömungen innerhalb der Ozeane, für Europa am wichtigsten ist der *Golfstrom*. Er kommt aus dem Golf von Mexiko als ein gewaltiger warmer Fluss, überquert den Atlantik und führt so viel Wärme mit sich, dass er die Küsten, die er berührt, bis zum Nördlichen Polarmeer eisfrei hält.
Wir Menschen brauchen das Meer dringend: als seine Früchte ernten wir Fische, Krebse, Muscheln oder Schnecken. Wir benützen es als vielbefahrenen Seeweg, etwa für Öltanker und andere Handelsschiffe, und außerdem sorgt das Meer für ein ausgeglichenes Klima, weil das Wasser Wärme speichert.

Als Lebensraum sind aber die Ozeane in Gefahr. Ihr Gebiet von rund 360 Millionen Quadratkilometern galt bisher als reiche und unerschöpfliche Nahrungsquelle. Heute durchpflügen 3 Millionen Fangschiffe die Meere und wenden alle modernen Mittel an, um Fischschwärme aufzuspüren und einzufangen. Besonders zweifelhaft ist der Fang mit Treibnetzen: sie sind manchmal 80 Kilometer lang und hängen wie ein Vorhang 40 Meter tief ins Wasser. In ihnen verfängt sich alles, nicht nur der gesuchte Speisefisch, sondern auch geschützte Tiere wie Wale, Delphine, Schildkröten oder auch Seevögel. Sie gehen elend zu Grunde. Solche Ausbeutung der Meere ist mit der Abholzung der tropischen Regenwälder vergleichbar, deren schädliche Folgen noch niemand vorhersagen kann. Doch darf man hoffen, dass wenigstens die Fische nicht gänzlich ausgerottet werden. Sie sind außerordentlich fruchtbar: ein Kabeljauweibchen legt, falls es 30 Jahre alt wird, rund 200 Millionen Eier.

Musik (S. 40/41), auch Tonkunst genannt, beruht auf Klang und Rhythmus. Das gab es auf der Erde schon immer und lange vor den Menschen. Wenn der Sturm durch die Wälder braust, entstehen mächtige Töne; wenn sich auf dem Meer die Wogen bewegen, hören wir einen Rhythmus, der sich auch verändert. Musik machen nicht nur Menschen: Vögel bilden wohlklingende Töne, etwa die Amsel oder die Nachtigall; Spechte hämmern in einem wiederkehrenden Rhythmus und Bienen tanzen sogar. Musik gehörte immer zu den Festen, wenn Menschen feierten, und sie half ihnen bei der langen, oft eintönigen Arbeit: beim Zerstampfen von Getreide oder wenn Matrosen den schweren Anker hochzogen. Im Verlauf vieler Jahrhunderte haben die Menschen überall auf der Welt ganz verschiedene Musikinstrumente erfunden und benützt. Heute kennen wir vor allem drei Gruppen: Schlaginstrumente, Blasinstrumente und Saiteninstrumente. In jeder Hauptabteilung gibt es Familien von Instrumenten, deren Mitglieder am eigentümlichen Klang zu erkennen sind. Dieser Klang entsteht vor allem durch die Form und Größe des Instruments wie auch durch das Material, z.B. Holz oder Metall. Musik machen kann man für sich allein oder in kleineren oder größeren Gruppen. Die meisten Musiker vereinigt ein Orchester (mit Instrumenten) oder ein Chor (mit Sängern). Wie das Tanzen läuft Musik innerhalb einer bestimmten Zeit ab. Man kann das Ganze nicht auf einmal hören, so wie man auch die Figuren eines Tanzes nur nacheinander sieht oder selbst ausführt. Erst in der Erinnerung erlebt man alles als Einheit. Musik kann man mit bestimmten Schriftzeichen aufschreiben: mit Noten; sie bezeichnen Klang und Dauer der Töne, und auf Notenlinien kann man die Tonhöhe gespielter oder gesungener Musik ablesen.

Nadelbäume (S. 121) sind Holzgewächse mit meist immergrünen, nadelartigen oder schuppenförmigen Blättern; der reichästige Baum kann bis zu 100 m hoch werden. Das Bild zeigt:

Die *Tanne*. Sie hat eine weißlich graue Rinde (Weißtanne) und weißes Holz, der Fruchtzapfen steht aufrecht, die recht breiten Nadeln sind beiderseits der Äste aufgereiht und tragen zum Schutz gegen die Verdunstung an der Unterseite zwei Wachsstreifen.

Die *Fichte*. Sie ist der am weitesten verbreitete Nadelbaum unserer Heimat und kommt in dichten Waldungen im Hügelland und im Gebirge vor. Sie hat spitz zulaufende Nadeln, die rings um den Zweig stehen; der Zapfen hängt herab. Weil sie schnell wächst, wird die Fichte als Nutzholz gern angepflanzt.

Die *Kiefer* (Föhre). Sie wächst dank der weit verzweigten Wurzeln auch im Sand (Rotföhre) wie im steinigen Hochgebirge (Legföhre, Latsche).

Zu den Nadelhölzern gehört außerdem die *Pinie*, die im Mittelmeerraum gedeiht; die langen Nadeln treten buschig auf und bilden die Schirmkrone. Die essbaren Samenkerne von mandelartigem Geschmack enthalten Öl.

Die *Zeder* und die *Zypresse* sind in Kleinasien und im Mittelmeergebiet heimisch.

Am größten (ca. 110 m) werden die *Mammutbäume*, sie können etwa 4000 Jahre alt werden und wachsen in den Bergwäldern von Kalifornien. Bei uns wird der Baum auch in Parks angepflanzt.

Nagetiere (S. 135) sind Pflanzen fressende Säugetiere, meist ziemlich klein, die zwei große, sehr kräftige, gebogene Vorderzähne im Ober- und Unterkiefer haben. Diese Zähne schleifen sich beim Nagen ab, aber sie wachsen immer wieder nach. Es gibt auf der Erde etwa 2800 Arten von Nagetieren.

Die *Eichhörnchen* (Eichkatzen), etwa 25 cm lange Tiere, leben am liebsten auf Bäumen, wo sie sich kugelförmige Nester (Kobel) bauen. Sie haben einen rötlichen, grauen oder schwarzen Pelz und einen langen, buschigen Schwanz, den sie als Steuer benützen, wenn sie geschickt und anmutig von Ast zu Ast, von Baum zu Baum springen. Sie leben von Nüssen, Eicheln, Vogeleiern und auch von jungen Vögeln; für den Winter legen sie sich Vorräte an. Eichhörnchen gibt es fast auf der ganzen Erde, nur nicht in Australien.

Die *Haselmaus* gehört zu den Bilchen (Schlafmäuse). Sie ist klein und zierlich, hat einen dichten, gelblich roten, weichen und glänzenden Pelz und klettert flink und geschickt, wenn sie Nüsse, Beeren und Knospen sucht. Vor allem im Haselgebüsch baut sie das kugelige Nest, wo sie ihren tiefen Winterschlaf hält.

Der *Hase* (Feldhase) ist mit dem Kaninchen verwandt, aber nicht zu verwechseln. Er hat lange Ohren, stark verlängerte Hinterbeine und ein dichtes, erdfarbenes Fell. Er wird 70 cm lang, 5 kg schwer und 8 Jahre alt. Während die Kaninchen gesellig und in Höhlen oder Nestern leben, streift der Hase allein und ohne festen Platz umher, um Pflanzen zu suchen und zu benagen. Im Gebirge und im Polargebiet gibt es den Schneehasen sowie den Polarhasen im weißen Pelz.

Der *Hamster* haust 1-2 m tief unter Getreidefeldern in geräumigen Vorratshöhlen. Dorthin trägt er in seinen großen, dehnbaren Backentaschen Getreidekörner, Leinsamen, Bohnen und Erbsen als Vorrat für den Winter – manchmal mehr als 1 Zentner. Er ist daher ein Schädling; gräbt man ihn aus und fühlt er sich angegriffen, dann geht er bissig sogar auf Menschen los.

Das *Murmeltier* gehört zu den Eichhörnchen. Es ist fahlgrau und kommt in den Alpen sowie anderen hohen Gebirgen und im Norden Amerikas vor. In größeren Höhlen wohnen bis zu 16 Murmeltiere miteinander. Sie leben von Pflanzen, Samen und Wurzeln. Die Tiere sind scheu und verständigen sich bei Gefahr durch schrille Warnpfiffe. Sie halten einen Winterschlaf, der bei manchen Tieren 8 Monate dauert; von daher kommt die Redewendung: er schläft wie ein Murmeltier, wenn jemand einen tiefen Schlaf hat.

Die *Wühlmaus*, im Vergleich zur Maus selbst plump mit

kurzem, beringtem Schwanz und stumpfer Schnauze, gräbt sich dicht unter der Erdoberfläche ihre Gänge und frisst Kartoffeln, Rüben, Gemüse und junge Obstbäume an den Wurzeln an.
Die *Spitzmaus* gehört wie Igel und Maulwurf (vgl. S. 136) zu den Insektenfressern und ähnelt den Mäusen, ist aber durch den schmalen Kopf mit der rüsselförmigen langen Schnauze gut zu unterscheiden. Sie vertilgt Insekten, Schnecken und Würmer. Junge Spitzmäuse beißen sich bei Gefahr im Hinterteil der Mütter fest und so eilt der Mäusezug in gleichem Schritt ins Nest zurück. Die *Wimper-Spitzmäuse* im Mittelmeergebiet, 3,6 bis 5,2 cm lang, sind die kleinsten Säugetiere der Erde.
Naturschutz Weil die Tag für Tag unaufhörlich wachsende Zahl von Menschen auf der Erde immer mehr Raum beansprucht, wird die Natur immer mehr zurückgedrängt. Naturschutz soll verhindern, dass beim Bau von Siedlungen oder von technischen Anlagen das Gefüge von Tieren und Pflanzen nachhaltig gestört oder womöglich zerstört wird.
Der *Pflanzenschutz* stellt seltene wild wachsende Pflanzen unter gesetzlichen Schutz, damit sie nicht gänzlich ausgerottet werden. Man darf sie nicht pflücken und nicht ausgraben. Bei uns sind das zum Beispiel: Alpenveilchen, Edelweiß, Enzian, Orchideen, Seidelbast, Seerosen, Türkenbund.
Der *Tierschutz* im engen Sinn will Misshandlung oder Quälerei von Tieren verhindern; im weiteren Sinne sollen Tiere, die vom Aussterben bedroht sind, nicht mehr gejagt und getötet werden. Denn die Vergangenheit warnt uns: in den letzten 200 Jahren sind durch das Abholzen von Wäldern, vor allem aber durch zügellose Jagd und ungehemmte Fischerei zahlreiche Tierarten nahezu oder völlig ausgerottet worden. Im Jahr 1627 wurde in Ostpreußen der letzte Auerochs erlegt. Vor etwa 100 Jahren wurde der letzte Tarpan, das wilde Waldpferd, in Südrussland getötet. Vom Prschewalski-Pferd, einem der unmittelbaren Nachkommen des Urweltpferdes Hipparion, gibt es nur noch in zoologischen Gärten einige Exemplare, das Gleiche gilt vom europäischen Wisent. Der Bison lebte in den weiten Savannen Amerikas in so mächtigen Herden, dass früher Jahr für Jahr mehr als 100000 Tiere erlegt werden konnten; inzwischen musste dort dieses mächtige Huftier unter Schutz gestellt werden. Ausgerottet ist die Dronte, eine Riesentaube aus Mauritius; von der Wandertaube gab es gegen Ende des letzten Jahrhunderts noch Millionen Exemplare in Amerika: das letzte Tier starb 1914 in einem Zoo. Stellers Seekuh, Schimmelantilope und Kaplöwe gibt es nicht mehr. Zwischen 1700 und 1900 sind mindestens 35 Säugetierarten ausgestorben, zwischen 1900 und 1960 noch einmal 45. Vom australischen Koalabär wurden Anfang dieses Jahrhunderts noch 2 Millionen Häute ins Ausland verkauft, jetzt leben die letzten Tiere in einem Park bei Sydney. Das Ende der Wale ist abzusehen: Fangboote mit modernsten Geräten fahren in ganzen Flotten zu den Polarmeeren. Jedes Jahr werden mindestens 25000 Wale erlegt und zu Margarine, Seife, Düngemehl und Tierfutter verarbeitet, weil es Geld bringt. Falsch verstandene Abenteuerlust, Sensationsgier und unbesonnene Jagdleidenschaft des Menschen haben dazu geführt, dass der Bestand zahlreicher afrikanischer Großwildarten in kurzer Zeit bis auf einige wenige Tiere zusammengeschrumpft ist. Fast ein Drittel der in Afrika noch lebenden Tiere hat heute eine oder mehrere Kugeln im Körper. Einst war die Erde überquellend fruchtbar und reich an Tieren und Pflanzen, sie wird jetzt jeden Tag ärmer.
Eines der letzten Rettungsmittel ist die Einrichtung von Naturschutzgebieten (Nationalparks), wo Tiere und Pflanzen vor dem Zugriff durch Menschen bewahrt bleiben sollen. In unserer Heimat bestehen größere Naturschutzgebiete in der Lüneburger Heide, den Tauern und im Engadin. Für bestimmte Tiere müssen über die Grenzen der Länder hinweg Abmachungen getroffen werden. Ein Beispiel ist der große weiße Polarbär, der nur noch durch internationale Verträge vor dem Aussterben gerettet werden könnte. Er ist in fünf Ländern rings um den Nordpol und im arktischen Niemandsland zu finden. Es soll noch etwa 10000 Eisbären geben, aber wegen des herrlichen Fells werden jedes Jahr mehr als 1000 Tiere getötet. Die drei Länder Sowjetunion, Norwegen und Kanada mit ihren ausgedehnten Küstengebieten zur Arktis haben die Eisbären daher unter vollkommenen Schutz gestellt.
Die **Nuss** (S. 120) im eigentlichen Sinne ist eine trockene (harte) Frucht, die als ganzes abfällt. Dazu gehört die Haselnuss.
Fälschlich als Nuss werden bezeichnet: Walnuss, Mandel, Kokosnuss, Paranuss und Erdnuss. Die ersten drei sind Steinfrüchte; bei ihnen besitzt die Fruchtwand einen harten inneren und einen fleischigen äußeren Teil. Die Erdnuss gehört zu den Hülsenfrüchten und Paranüsse sind Samen aus Kapselfrüchten. Allen Exemplaren gemeinsam ist der süße, ölhaltige Keimling.
Die *Haselnuss* wächst am etwa 3 m hohen Haselstrauch, einem in Europa und Asien verbreiteten Birkengewächs. Die Früchte stecken in einer becherförmigen Hülle. Ihre Samen sind nahrhaft, werden zu Öl verarbeitet und in Schokolade zermahlen, aber auch für Parfüm und Seife verwendet.
Die *Walnuss* wächst am etwa 30 m hohen Nussbaum. Das unreife Fleisch der Steinfrucht wird zum Braunfärben (Beizen) verwendet, essbar sind die Samen in der Nussschale, für Möbel wird das harte und schön gemusterte Holz gern verwendet.
Die *Mandel*, eine Steinfrucht mit Samenkern, wächst am tropischen Mandelbaum, einem Obstbaum, der mit Pfirsich und Aprikose verwandt ist. Bittere Mandeln enthalten Gift und müssen vor dem Essen geröstet werden, süße Mandeln dienen zur Herstellung von Öl, Marzipan und Sirup gegen Husten.
Die *Erdnuss* kommt vor allem in China, Indien und Westafrika vor. Die Hülsen mit den Samen bohren sich, sobald sie reif sind, in den Boden. Die Erdnuss liefert Öl, wird für Butter und Margarine verwendet, die gerösteten, gesalzenen Kerne sind beliebt zum Knabbern.
Die *Kokosnuss* ist eine Steinfrucht, die an der etwa 25 m hohen Kokospalme wächst. Etwa vom 12. bis zum 50. Jahr trägt der Baum jährlich 50 Früchte. Die kopfgroße Nuss ist – da der Baum ursprünglich an der Meeresküste stand – auf die natürliche Verbreitung durch strömendes Wasser eingerichtet: derbe Außenhaut, darunter zähfaserige Hülle als Schwimmgürtel. Weiter folgt die harte Steinschale, die das Fruchtfleisch und zuinnerst die süßsäuerliche Kokosmilch umschließt.
Die *Paranuss* ist der Same des mächtigen, bis zu 35 m hohen südamerikanischen Paranussbaumes. Die vielen dreikantigen Samen sind in den kopfgroßen Fruchtkapseln enthalten.

Obst (S. 98/99) ist der Sammelname für Früchte von Pflanzen, die über mehrere Jahre hinweg Ernte bringen. Die Obstbäume sind im Verlauf von Jahrtausenden aus verschiedenen wild wachsenden Sträuchern gezüchtet worden. Meist blühen sie, bevor die Blätter kommen. Man unterscheidet:
1. Kernobst (Apfel, Birne, Quitte; S. 99), bei welchem der Fruchtknoten unter der Blüte sich zur Frucht entwickelt, die mehrere Kerne enthält.
2. Steinobst (Kirsche, Pflaume, Aprikose, Pfirsich; S. 98, 99), bei welchem die Fruchtwand aus einem äußeren fleischigen und einem inneren harten Teil besteht; im Innern ist meist nur ein Samen enthalten.
3. Beerenobst (S. 116/117).
4. Schalenobst (S. 120).
5. Südfrüchte (S. 102/103). Gemäß der Erntezeit spricht man von Sommer-, Herbst- und Winterobst.
Obst soll möglichst kühl und luftig aufbewahrt werden, es wird roh gegessen, aber auch gekocht, getrocknet, zu Saft, zu Wein oder Schnaps verarbeitet. Den erfrischenden Wohlgeschmack bewirken Obstsäuren, Zucker und Aromastoffe, wichtig für den menschlichen Körper sind die im Obst enthaltenen Mineralstoffe und Vitamine. Obst macht nicht dick.
Der *Apfel*, die Kernfrucht des Apfelbaums, ist das älteste bekannte Obst Mitteleuropas. Äpfel sind wegen des Nährwerts, der vielfältigen Verwertung und langen Haltbarkeit die wichtigste Kernobstart. Es gibt mehr als tausend verschiedene Sorten. Das Holz des Baumes ist besonders für künstlerische Schnitzarbeiten gesucht. Im Gegensatz zur Birne ist er ein Flachwurzler.
Die *Aprikose*, die Steinfrucht des wahrscheinlich aus China stammenden Aprikosenbaumes, ist rundlich oder länglich. Die Früchte gedeihen in geschützten Lagen und werden roh, gedörrt oder eingemacht gegessen.
Die *Birne*, Kernfrucht des Birnbaumes, ist nach dem Apfel unsere wichtigste Obstart, ebenso nahrhaft, aber weniger haltbar und lagerfähig. Es gibt mehr als 2000 Sorten von Birnen. Das rötlich braune Birnenholz ist ziemlich hart, jedoch leicht zu bearbeiten, es ist gesucht für Schnitzarbeiten und Möbel.
Die *Kirsche* ist die rötliche oder schwarze, am langen Stiel reifende Frucht des Kirschbaums. Beliebt ist der Obstbranntwein (Kirschwasser) aus den vergorenen Früchten, das Holz wird für Möbel verwendet.
Der *Pfirsich*, die Steinfrucht eines aus China stammenden Rosengewächses, gedeiht heute vor allem in Italien, Südfrankreich und Kalifornien.
Die *Pflaume* (rundlich) und die *Zwetschge* (eiförmig länglich) sind Früchte von Obstbäumen, die in vielen Formen gezüchtet wurden. Weitere bekannte Sorten sind Mirabellen und Reineclaude, beide gelblich gefärbt.
Die *Quitte*, Kernfrucht des strauchartigen, niederen Quittenbaumes, ist roh ungenießbar, für Kompott und Gelee aber geschätzt. Der Baum verlangt einen geschützten, sonnigen Standort und feuchten Boden; er gehört zu Rosengewächsen.
Papageien (S. 188/189) sind bunte Klettervögel der heißen Länder mit gekrümmtem Zangenschnabel. Sie leben von Samen, Früchten, Knollen, Blütenhonig, manche auch von Insekten. Die Jungen werden von den Eltern, die immer zusammenbleiben, lange versorgt. Papageien sind intelligent, leicht zu zähmen und lernen schnell, die menschliche Stimme mit Melodien, Wörtern und ganzen Sätzen nachzuahmen. Diese geselligen Vögel sollte man nicht einzeln, sondern paarweise halten, sonst verkümmern sie. Die Ausfuhr und Einfuhr wird heute zum Schutz und zur Erhaltung dieser Tiere meist scharf kontrolliert. Zu den Papageien gehören:
Die *Sittiche*, die es von der Größe eines Sperlings bis zu der eines Raben gibt. Sie haben einen langen, keilförmigen Schwanz und buntes Gefieder. Als Käfigvogel ist der grüne Wellensittich besonders beliebt, der auch in den Farben Gelb, Blau und Weiß gezüchtet wurde.
Die *Ara* (auch Arara) aus Mittel- und Südamerika sind die größten (bis zu 90 cm lang) Papageien mit starken Schnäbeln und spitzen, langen Schwänzen.
Pferd (S. 130/131) Das Pferd ist ein großes, hochbeiniges Säugetier mit kräftig entwickelter Mittelzehe, dem Huf. Es gilt wegen seiner schönen Gestalt, Gelehrigkeit, Ausdauer und Kraft als das edelste Haustier. Das Hauspferd, das heute in mehr als 300 Rassen auf der ganzen Welt gezüchtet wird, stammt vermutlich von Wildpferden aus der Mongolei ab. Es wird heute fast nur noch zum Vergnügen beim Ausreiten und für den Sport (Pferderennen) gehalten. Je nach der Verwendung unterscheidet man Renn-, Reit-, Wagen- und Zugpferd. Nach der Farbe unterscheidet man Füchse (fuchsrot), Braune (den Füchsen ähnlich, aber Schweif, Mähne, Schnauze oder Vorderkopf schwarz), Rappen (ganz schwarz), Schimmel (farbig geboren, aber ganz weiß geworden), Apfelschimmel (mit dunklen Stellen). Nach dem Temperament – nicht nach der Körpertemperatur – unterscheidet man Kalt- und Warmblutpferde. Warmblutpferde sind die lebhaften Rennpferde mit leichtem, elegantem Körperbau wie die Araber oder die englischen Vollblutpferde; Kaltblutpferde sind ruhig, langsam und wuchtig, sie dienen meist als Zugpferde.
Eine Zwergsorte von Pferden sind die genügsamen, widerstandsfähigen und beweglichen *Ponies*, die besonders in England, Island, Schweden, Norwegen und stellenweise in Osteuropa gehalten werden.
Zu den Pferden gehören auch:
Der *Esel*. In den Bergen Asiens und in Nordafrika gibt es noch Wildesel, von ihnen stammt der gezähmte, meist graue Hausesel ab, ein wertvolles, anspruchsloses Reit- und Lasttier, aber auch bekannt wegen seines Starrsinns. Der Esel ist kleiner als unser Pferd, hat sichtlich längere Ohren und einen bequasteten, also an der Spitze lang behaarten Schwanz.
Das *Maultier*, auch Muli genannt, entsteht aus der Kreuzung zwischen einem männlichen Esel und einem weiblichen Pferd; es erhält von der Mutter Größe, Form und Farbe, vom Vater Kopf, Ohr, Schwanz und Stimme; hingegen nennt man die wenig geschätzten Nachkommen von männlichem Pferd und weiblichem Esel *Maulesel*. Beide Tiere könnten sich nicht fortpflanzen.
Das *Zebra*, ein Wildpferd in den afrikanischen Steppen mit eselartigem Kopf und helldunkel (schwarz- oder braunweiß-) gestreiftem Fell, lebt gesellig. Der Schwanz ist lang, die Mähne kurz und steif, die Stimme rau.
Pilze (S. 114/115) sind ein Mittelding zwischen Tier und Pflanze: sie wachsen an ihrem festen Standort, aber es fehlt ihnen das Blattgrün (Chlorophyll). Daher müssen sie wie die Tiere und Menschen von Nährstoffen leben, die andere herstellen, meistens verwesende Pflanzen, aber auch frisches Gras, welkes Laub, Stroh, Papier, Kot, ein totes Insekt, ein lebender Wurm, morsches Holz. Über

5000 Großpilze wachsen in Europa, weltweit sind bis jetzt rund 7000 verschiedene Arten gefunden worden, darunter kleinste Lebewesen, deren Größe mit tausendstel Millimetern angegeben wird. Viele der winzigen Pilze erregen Krankheiten bei Menschen, Pflanzen und Tieren, andere (z.B. Schimmel) verderben Nahrungsmittel oder bewirken Gärungen wie die Hefepilze. Zu den hochentwickelten Pilzen gehören die Hutpilze (auch Schwämme genannt), die in Wald und Wiese gedeihen. Pilze darf nur der Kenner sammeln, denn essbare und giftige Arten sind oft schwer zu unterscheiden. Hochgiftig sind der hübsche Fliegenpilz und der grüne Knollenblätterpilz, der nicht grundlos auch Grüner Mörder oder Todespilz genannt wird.
Der giftige *Fliegenpilz* wird zwischen 5-20 cm groß, der Hut ist orangerot bis orangegelb und beim jungen Pilz mit weißen anklebenden Flocken bedeckt. Er wächst vor allem unter Birken und Nadelhölzern.
Der essbare *Trottoir-* oder *Stadtchampignon* ist eine der Formen des Feldchampignons; der Fruchtkörper dieses Ständerpilzes ist weißlich. Alle Champignons brauchen gleichmäßige Feuchtigkeit und Temperatur.
Das essbare *Stockschwämmchen* ist ein zarter, in Büscheln am Holz wachsender Pilz, der fast das ganze Jahr über zu finden ist, sogar während milder Winterwochen.
Der *Steinpilz* ist der König unter den Speisepilzen, kenntlich am braunen Hut, dem starken, meist keulenförmigen Stiel mit feiner Netzzeichnung an seinem oberen Ende. Man findet ihn von Juni bis November unter Laub- und Nadelbäumen.
Der *Größte Saftling* wird 5-12 cm groß und kann im Herbst vor allem auf Wiesen gefunden werden. Der stumpfglockige Hut blasst in der Sonne und bei Trockenheit rasch aus.
Die essbare *Speisemorchel* findet man mit bienenwabengelben kugeligen oder verlängerten Hüten. In tieferen Gegenden ist sie ein ausgesprochener Frühlingspilz; sie gedeiht an sandigen, gestrüppreichen Flussauen, in Hecken oder lichten Föhren- und Mischwäldern. Hut und Stiel gelten als besonders wohlschmeckend.
Der *Echte Reizker* gehört zu den Milchlingen; diese sondern eine scharf schmeckende milchige Flüssigkeit aus, wenn man sie berührt. Oft ist der Reizker innen voller Maden. Dieser Waldpilz wird höchstens 10 cm groß und gedeiht im Sommer/Herbst.
Der *Pfifferling* (*Eierschwamm*) ist ein vorzüglicher und sehr beliebter Speisepilz, den man kaum verwechseln kann. Sein Hutrand ist trichterförmig, gelappt und wellig, die Farbe ist gold- bis orangegelb. Er wächst von Juni bis Oktober in Nadel- und Laubwäldern.
Raben (S. 178) Rabenvögel sind in etwa 100 Arten über die Erde verbreitet. Der Rabe ist ein mittelgroßer kräftiger Vögel mit starkem Schnabel, dessen Wurzel regelmäßig mit langen Borsten bekleidet ist. Das vorwiegend schwarze Federkleid hat einen mehr oder minder starken Schimmer. Rabenvögel gelten als sehr anpassungsfähig, neugierig und lernfähig.
Der große *Kolkrabe* mit einer Länge von etwa 65 cm ist der Rabe im engeren Wortsinn. Sein Schnabel ist klobig, das Gefieder glänzend schwarz, die Kehlfedern sind zottig. In Gefangenschaft ist er leicht zu zähmen und wie ein Hund abzurichten. Er vermag mühelos menschliche Stimmen und tierische Laute nachzuahmen. Der Vogel ist selten und steht in Deutschland unter Naturschutz. Die *Rabenkrähe* ist ebenfalls ganz schwarz, manchmal veilchenfarben oder purpurn schillernd. Sie nistet auf Bäumen, sammelt sich am Tage mit den Artgenossen zu großen Scharen und fliegt leicht und ausdauernd. Die Stimme ist rau und krächzend.
Die *Dohle* (Turmkrähe), schwarz-grau gefärbt, nistet gern in Türmen, Dachwinkeln und Mauern oft in Brutkolonien. Sie ist lebhaft, fliegt schnell und wird in Gefangenschaft zahm und anhänglich.
Die *Elster* ist ein besonders langschwänziger, schwarzgrünweiß gefärbter Rabenvogel. Sie siedelt sich gern in der Nähe von Menschen an, sucht wie alle Raben Gewürm, Schnecken und kleine Wirbeltiere sowie Körner, Beeren und Obst als Nahrung. Sie hat eine Vorliebe für glänzende Gegenstände, die sie in ihrem Nest im Wipfel hoher Bäume versteckt, daher nennt man die Elster diebisch.
Der *Eichelhäher*, ein prächtiger, weinrot-grauer Waldvogel mit gerundeten Flügeln, schwerfällig fliegend, aber ein geschickter Kletterer und Läufer. In der Brutzeit ist der Eichelhäher ein Nesträuber, der über Eier und Jungvögel in fremden Nestern herfällt.
Das **Rad** (S. 46/47) ist eine der ältesten Erfindungen der Menschheit. Es dient zur Übertragung von Kräften und Bewegungen. Wird eine Last etwa auf einem Schlitten geschoben, so entsteht an der großen Lauffläche der Kufen die starke Gleitreibung. Das Rad hingegen berührt immer nur an einer kleinen Stelle die Erde: hier entsteht nur die Rollreibung. Der Widerstand durch Reibung ist viel geringer. Beim Übertragen von Kräften in einer Maschine wirkt das Rad als Hebel. Vor der Erfindung des Rades benutzte man schon im Altertum runde Baumstämme, die man als Rollen unter die Last legte. Die ersten richtigen Räder waren Holzscheiben, die mit einem Keil an der Achse des Wagens befestigt wurden. Heute besteht ein Rad aus dem Radkranz (Felge), der meist durch Speichen mit der Nabe im Mittelpunkt verbunden ist. Je nach der Verwendung an den Fahrzeugen gibt es ganz unterschiedliche Räder, vom eisernen Rad einer Eisenbahn bis zum Schaufelrad eines Spezialbaggers in der Höhe eines fünfstöckigen Hauses.
Beim Zweirad kommt zum Vergnügen am raschen Fahren die Freude über die Geschicklichkeit beim Halten des Gleichgewichts. Vorläufer unserer heutigen Fahrräder war die von Drais 1817 vorgestellte Laufmaschine, bei der man sich allerdings vom Boden abstoßen musste. Bei der Pariser Weltausstellung 1867 wurde ein Fahrrad mit Tretkurbel gezeigt, etwa 1880 kam das gefährliche Hochrad in Mode. Heute gibt es viele verschiedene Fahrräder, moderne Formen nennen sich City-Bike und Mountainbike und sind ebenso teuer wie vielfältig verwendbar. Tandem nennt man ein Fahrrad für zwei oder mehr Personen. Auch gibt es Zweiräder mit Antriebsmotoren (Mofa) und Rennräder aus Leichtmetall, die mit Hilfe der Gangschaltung schnell wie ein Motorrad fahren können. Das Einrad dient Zirkuskünstlern für ihre artistischen Darbietungen.
Reis (S. 106) ist ein sehr wichtiges Getreide; mehr als die Hälfte der Menschheit lebt davon. Ursprünglich war Reis ein Sumpfgras im tropischen Asien, in Afrika und in Australien; heute wird er auch in Italien, in Spanien, Ungarn und in den Südstaaten der USA angepflanzt. Bei Hügeln und Bergen werden die Reisfelder wie Terrassen angelegt. Nach der Ernte wird der Reis gedroschen und in Mühlen geschält. Wir essen ihn als Körner oder als Brei.

Aus seinem Stroh wird das feste und geschmeidige Reispapier gemacht, das gern als Zigarettenpapier verwendet wird. Wasserreis gedeiht bei warmer Feuchtigkeit, der seltenere Bergreis liebt trockenen Boden. Reis wird am meisten angebaut in China, Indien, Japan, Pakistan und Indonesien.

Regenwald (S. 122/123) Der tropische Regenwald, entstanden in 150 Millionen Jahren, zieht sich im Bereich des Äquators rings um die Erde. Hier hat das Leben seine größte Vielfalt erreicht. In Südamerika, Afrika und den Inseln und Halbinseln Südostasiens ist zusammengenommen etwa ein Zehntel der Erdoberfläche vom Dschungel bedeckt; die größten Regenwälder gibt es heute noch am Amazonas, am Kongo in Zentralafrika und auf der Insel Borneo. In seiner ursprünglichen Form gleicht er, aus einem Flugzeug betrachtet, einem grünen Meer, grenzenlos, undurchdringlich, ohne Weg und Steg. Die Wärme und die Sonneneinstrahlung bleiben immer gleich, nur der Regen kommt häufig, oft sogar täglich. Wärme und Wasser: unter so günstigen Voraussetzungen gedeihen die Pflanzen und mit ihnen zahllose Tiere vorzüglich. Es gibt Pflanzen, die unseren Veilchen verwandt sind: im Dschungel werden sie so hoch wie Kirschbäume; Rosen können 6 m, die höchsten Bäume über 60 m hoch werden. Es gibt hier keine bestimmten Zeiten der Blüte oder der Ernte, keinen Winter, der das Laub von den Blumen streift: im Dschungel herrscht immer die gleiche Jahreszeit, nämlich Sommer. Wir unterscheiden drei Schichten oder Zonen: die dunkle, schwüle Unterschicht besteht aus Sträuchern und Kräutern; das Laubdach, das einen dichten Abschluss in 20-40 m Höhe bildet; schließlich die Kronen einzelner Bäume, die 60 m und mehr emporragen. Was allerdings für die Pflanzen- und Tierwelt zu solcher Fruchtbarkeit führt, ist für die Menschen gar nicht gut: das Klima, die ständige Hitze und Feuchtigkeit. Sie lähmen Tatkraft und Willen. Für den Bestand dieser Paradiese ist heute der Mensch die größte Gefahr: bis jetzt sind die tropischen Wälder bereits auf die Hälfte ihrer ursprünglichen Ausdehnung geschrumpft. Es ist ausgerechnet worden, dass in jeder Minute 30 Hektar Regenwald zerstört werden. Wenn der Dschungel gerodet oder abgebrannt wird, damit an seiner Stelle Bananen, Mais oder Reis angepflanzt werden, ändert sich alles von Grund auf: die Humusschicht des Bodens wird in wenigen Jahren von der Sonne ausgedörrt und ausgelaugt, oder der wolkenbruchartige Regen schwemmt ihn fort. Es wachsen keine Früchte mehr und an die Stelle der überquellenden Waldflächen treten Gestrüpp, Steppen und kahle Wüsten. Dann wird sich das Klima auf der ganzen Erde ändern.

Reptilien (S. 148/149) nennt man Kriechtiere, die teils im Wasser, teils auf dem Land leben. Es sind Wirbeltiere, die durch die Lunge atmen und bei denen sich die Wärme des Blutes der Wärme der Umgebung anpasst, in welcher die Tiere leben. Der Körper ist bedeckt mit hornigen Schuppen oder Knochenschilden. Äußere Gliedmaßen können, etwa bei den Schlangen, fehlen. Reptilien jagen andere Tiere und fressen das Fleisch, einige Arten sind Pflanzenfresser. Die meisten legen Eier, aus denen die Jungen schlüpfen. Reptilien sind die verschiedenen Arten von Eidechsen, Schlangen, Krokodilen und Schildkröten.

Die *Kragenechse* findet sich in Australien. Sie gehört zu den Eidechsen, von denen rund 150 Arten vorkommen, die oft ein sehr farbenprächtiges Schuppenkleid aufweisen. Bei Gefahr kann die Kragenechse zur Abschreckung des Gegners die Hautfalte an beiden Seiten des Halses wie einen Kragen aufrichten. Dieses Tier gehört zu den wenigen, die aufrecht auf den Hinterbeinen laufen können.

Die *Meerechse* gehört zu den Leguanen, von denen mehr als 700 Arten bekannt sind. Diese Tiere leben auf Bäumen oder auf dem Boden. Der lange Schwanz dient als Waffe oder wird zum Greifen und Schwimmen benützt. Die Meerechse lebt auf den Galapagos-Inseln und ernährt sich ausschließlich von Wasserpflanzen. Gesamtlänge ca. 85 cm, Gewicht ca. 12 kg.

Das *Chamäleon*, eine vor allem in Asien und Afrika vorkommende Eidechse von fantastischem Aussehen, ist ein für Menschen harmloses Baumtier, das 10-30 cm lang wird und seine Fangzungen fast ebenso weit herausschnellen kann. Seine Nahrung sind Insekten, die es mit der vorne verdickten und klebrigen Zunge packt. Es kann beide Augen unabhängig voneinander bewegen. Bei Durst, Hunger oder bei Gefahr kann das Chamäleon blitzschnell seine Farbe ändern.

Der *Grüne Leguan* hat seine Heimat in Südamerika und lebt meist auf Bäumen am Flussufer. Seine Grundfärbung ist ein schönes Blattgrün, aber es gibt auch viele Schattierungen. Das Tier erreicht eine Länge von mehr als 2 m, wovon der Schwanz etwa 1,50 misst.

Krokodile sind die größten Reptilien. Das Nilkrokodil wird bis zu 7 m lang. In die Rückenhaut sind große Knochenschilder eingelassen, die sich bis zum Ruderschwanz erstrecken. Das Krokodil ist auf dem Land schwerfällig, im Wasser aber ein sehr beweglicher und gefräßiger Räuber, der von Fischen und Wasservögeln lebt. Es überfällt auch größere Landtiere und Menschen. Im Pazifikgebiet kommt das 10 m große Leistenkrokodil vor. *Alligator* heißt die Art in Nordamerika; der *Kaiman*, der rund 4,50 m lang wird, findet sich vor allem im Amazonasgebiet. Man unterscheidet heute noch 11 Echte Krokodilarten.

Schildkröten gehören zu den ältesten Tierarten der Erde, heute sind etwa 200 Arten bekannt. Es sind fast runde, langsam kriechende Tiere mit einem festen, hornüberzogenen Panzer, unter welchen Kopf, Schwanz und Gliedmaßen zurückgezogen werden können. Als Landschildkröten mit gewölbtem Rückenschild leben sie von Pflanzen, als Wasserschildkröten mit flachem Schild jagen sie Meerestiere. Es gibt die gewaltigen, mehr als 1,50 m hohen und 250 kg schweren Riesenschildkröten auf Madagaskar und auf den Südseeinseln; unser Bild zeigt die Griechische Landschildkröte mit ihrem schwarz-gelben Schild von etwa 30 cm Länge. Manche Schildkröten werden 150 Jahre alt. Alle Schildkröten legen Eier, die sie im Erdboten vergraben und sich selbst überlassen. Die sehr seltene europäische Sumpfschildkröte steht unter Naturschutz.

Der *Gecko*, ein nächtliches Kriechtier mit abgeplattetem Schwanz, kommt am Mittelmeer, in Nord- und Südamerika vor. Mit seinen breiten Haftzehen kann er selbst an glatten Wänden und Decken kriechen. Er jagt Insekten, sein Ruf ist durchdringend.

Die *Smaragd-Eidechse*, die in Mittel- und Südeuropa vorkommt, wird etwa 40 cm lange. Das muntere, wie alle Eidechsen wärmeliebende Tier hat einen spitzen Schwanz und ist an der Oberseite grasgrün, meist mit vielen schwarzen Punkten. Das Männchen hat einen blauen Kopf und eine blaue Kehle. Die Tiere halten in der kalten

Jahreszeit einen Winterschlaf. Eidechsen muss man vorsichtig anfassen, denn der Schwanz bricht leicht ab und wächst nur sehr verkümmert nach. Auch die Blindschleichen sind Eidechsen mit allerdings zurückgebildeten Füßen.

Schiff (S. 60-65) Mit diesem Namen bezeichnet man ganz allgemein ein Wasserfahrzeug. Im eigentlichen Sinn meint das Wort heute nur die größeren Fahrzeuge, während die kleineren besondere Namen haben, z.B. Boot, Kahn, Nachen. Die Schifffahrt begann mit dem Floß aus zusammengebundenen Schilfrohrstängeln oder Baumstämmen, dem Boot aus Rindenstücken und dem ausgehöhlten Baumstamm. Die großen Schiffe der Phönizier, Griechen und Römer wurden mit Rudern angetrieben, oft in mehreren Reihen übereinander, sie hatten aber auch schon wie die Schiffe der Wikinger Mast und Segel, um die Kraft des Windes auszunützen. Im späten Mittelalter gelang es, die Kunst des Segelns mit großen Schiffen immer weiter zu vervollkommnen und im gleichen Maße auf den Antrieb durch Ruder zu verzichten. Den Übergang zum reinen Segelschiff bildet die Kogge. Die Schiffe wurden immer schlanker und schneller, Eisen und Stahl wurden statt Holz als Baumaterial verwendet, Dampfmaschinen, Dieselmotoren, Gasturbinen und Atomkraft für den Antrieb genützt.
Das Bild *Alte Schiffe* (S. 60/61) zeigt:
Ein Langschiff der Wikinger aus dem 9./10. Jh. n.Chr. Mit solchen Schiffen besegelten die gefürchteten Piraten die ganze damals bekannte Welt, von Island bis nach Nordafrika, von Russland bis nach Amerika. Das *Wikingerschiff* hatte geringen Tiefgang, war vorn und hinten (Bug- und Achtersteven) hochgebogen und trug am Bug den Drachenkopf. Das Segel war meist bunt und viereckig, die Länge konnte mehr als 30 m betragen, 60-80 Ruder trieben das Schiff voran.
Einbaum von Eingeborenen der Südsee, das Boot besteht aus einem ausgehöhlten Baumstamm.
Ruderboot, wie es an der Küste, auf Seen und Flüssen benutzt wird.
Floß mit Segel, ein einfaches Wasserfahrzeug.
Hansa-Kogge, ein breites, bauchiges Segelschiff, das im 13. und 14. Jahrhundert in den nördlichen Meeren vor allem als Handelsschiff verwendet wurde.
Chinesische Dschunke, ein hochbordiges, seetüchtiges, wenn auch etwas schwerfälliges Segelfahrzeug aus Ostasien, das über Tausende von Jahren hinweg bis heute kaum verändert wurde.
Ägyptisches Seeschiff (ca. 1500 v.Chr.), etwa 30 m lang.
Griechische Bireme (ca. 500 v.Chr.). Aus diesem Typ entwickelten sich die gewaltigen Kriegsschiffe des 3. Jh. v.Chr., die 130 m lang und 17 m breit waren und 4000 Ruderer benötigten, denn ein einziges Ruder musste durch 40 Männer bewegt werden.
Römische Galeere. Mit solchen Kriegsschiffen sicherten die Römer im 1. Jh. v.Chr. ihre Herrschaft rund um das Mittelmeer.
Römisches Handelsschiff. Manche waren 60 m lang, beförderten mehr als 600 Fahrgäste und drangen über Indien hinaus bis an die chinesische Grenze vor.
Santa Maria und *Nina*, die berühmtesten Karavellen des 15. Jh. Diese Art von Segelschiffen der Entdeckerzeit hatten 2-5 Masten, war bis zu 35 m lang und 10 m breit.
H. M. S. Victory, beauftragt 1758, vom Stapel gelaufen 1765, bewaffnet mit 104 Kanonen. 120 Jahre war das Schiff auf See, heute ist es in England ein schwimmendes Museum.
Schiffe aus unserer Zeit (S. 64/65):
Great Eastern, von I. K. Brunel konstruiert, 1858 vom Stapel gelaufen, 1860 erste Fahrt über den Atlantik. Das Schiff war für damals einzigartig und gewaltig. Der Rumpf war ganz aus Eisen und 222 m lang. Das Schiff verdrängte 19000 t Wasser, war mit Schaufelrädern, einer Schiffsschraube und außerdem mit sechs Masten für die Besegelung ausgestattet. Es sollte 4000 Fahrgäste (oder 10000 Soldaten) aufnehmen, bekam aber nie genug Passagiere; daher wurde es schließlich nur als Kabelleger im Ozean verwendet.
Ausflugsdampfer mit Schaufelradantrieb, wie sie bis heute auf großen Seen im Binnenland und für Vergnügungsfahrten in Küstennähe Verwendung finden.
Mississippisteamer heißen die Dampfschiffe, die von Anfang des 19. Jahrhunderts an auf dem amerikanischen Fluss Menschen und Waren beförderten. Im Jahre 1822 verkehrten bereits 35 solcher Dampfer regelmäßig. Kennzeichen dieses Typs: geringer Tiefgang, hohe Schornsteine, riesige Schaufelräder am Heck. Die Räume für Fahrgäste der 1. Klasse waren verschwenderisch schön und behaglich ausgestattet.
Preußen, Baujahr 1902, der einzige Fünf-Mast-Segler der Welt mit einer Länge von 124 m.
Segeljolle, ein kleines Segelschiff für den Sportsegler mit Besegelung und Schwert: eine Metallplatte, die in Längsrichtung des Bootes ins Wasser gelassen wird, um ein Kentern zu verhindern.
Mauretania, Baujahr 1907, das erste große Passagierschiff im regelmäßigen Verkehr über den Atlantischen Ozean mit Turbinenantrieb, aber Kohlenfeuerung – die Kessel wurden von 224 Heizern mit täglich 1000 t Kohle gefüllt. Länge 263 m, Größe 31938 Brutto-Registertonnen (BRT). 1 BRT hat 2,83 cbm, mit diesem Maß wird der im Schiff enthaltene Raum unter Deck bezeichnet.
Mesoscaphe, ein Unterseeboot für Ausflugsfahrten unter Wasser.
Bathyscaphe, ein Unterseeboot von Auguste Piccard für die wissenschaftliche Forschung, mit welchem Jacques Piccard im Stillen Ozean eine Tiefe von 10916 m erreichte.
Öltanker für den Transport von Rohöl. Diese gewaltigen Schiffe haben heute durchweg eine Größe von 30000 bis 100000 t. Supertanker sind 300000 t groß, 14 Stockwerke hoch und dreimal so lang wie ein Fußballfeld.
Schlepper. Ein kleines, wendiges, aber starkes Dampf- oder Dieselmotorschiff, das Lastkähne ohne Motor vor allem auf Flüssen hinter sich herzieht oder das die großen Fracht- und Passagierschiffe in den Hafen hinein- oder aus dem Hafen herausbugsiert.
Kühlschiff, das leicht verderbliche Ware in besonderen Kühlräumen rasch transportiert.
Leuchtschiff (Feuerschiff), *Leuchtturm*. Das in der Spitze des Turms in bestimmten Abständen aufscheinende, kreisende Licht hilft den Schiffen den richtigen Weg finden und warnt vor gefährlichen Stellen.
Passagierdampfer mit allen Bequemlichkeiten eines erstklassigen schwimmenden Hotels; Länge etwa 250 m, Größe etwa 38000 BRT.
Rennboot und Jacht, Fahrzeuge für den Wassersport.
Luftkissenfahrzeug, ein Fahrzeugtyp, bei dem ein Luftkis-

sen zwischen der Unterseite des Fahrzeugs und der Oberfläche z.B. des Wassers gebildet wird, welches das Gerät trägt: ein Propeller treibt das Fahrzeug mit Geschwindigkeiten zwischen 50 und 150 km/h vorwärts.
Tragflügelboot, ein Motorschnellboot mit kleinen Flügelarmen an der Unterseite. Bei hoher Geschwindigkeit hebt sich das Boot bis über die Wasseroberfläche.
Moderner Flussdampfer für Ausflugsfahrten.
Schleppkahn mit eigenem Antrieb (Dieselmotor) für den Transport von Waren.
Atom-Unterseeboot. Die Antriebskraft dieser großen Unterwasserkreuzer liefert ein Atomreaktor. Das Schiff ist ca. 100 m lang, 9,20 m breit, benötigt mehr als 100 Mann Besatzung und kann monatelang ohne Auftauchen unter Wasser bleiben.
PX 15, ein Unterseeboot für die wissenschaftliche Forschung.
Schlafen (S. 196/197) Im Schlaf entspannen wir Menschen Körper und Geist. Bestimmte Wahrnehmungen wie Sehen und Hören werden dabei gedrosselt, aber nicht ausgeschaltet. So wachen junge Eltern fast immer sofort auf, wenn nachts bei ihrem Baby etwas nicht in Ordnung ist. Ein Säugling schläft fast Tag und Nacht, Kinder brauchen täglich 10-12 Stunden, Erwachsene 6-8 Stunden Schlaf. Wenn man Menschen oder Tiere um den Schlaf bringt, leiden sie.
Die unterschiedlichen Tierarten schlafen unterschiedlich lang. Das Faultier bekam seinen Namen wohl zu Recht: es schläft 20 Stunden lang, mit dem Kopf nach unten, an einem Ast im Urwald baumelnd. Kaum kürzer ruhen und dösen die Großkatzen Löwe oder Leopard, sie haben ja auch keine Feinde zu fürchten. 19 Stunden schlafen Gürteltiere und Fledermäuse, Hamster und Hörnchen bringen es auf 14 Stunden. Eine Giraffe kommt mit vier Stunden Schlaf aus; sie legt sich zwar hin, doch den Kopf hält sie wachsam aufrecht. Elefanten begnügen sich mit zwei bis drei Stunden Schlaf; bevor sie sich hinlegen, richten sie Zweige, Gräser oder Äste als Bett. Die meisten Säugetiere liegen im Schlaf auf der Seite und bewegen sich oft, damit sich die Muskeln nicht verkrampfen. Wale lassen sich auf dem Wasser treiben.
Stelzvögel wie die Flamingos schlafen oft auf einem Bein stehend, sie sind nachts sehr verwundbar und halten abwechselnd immer ein Auge offen. Schwimmvögel ruhen auf dem Wasser oder an Land, sie stecken dabei gern den Kopf unter einen Flügel. Die meisten Vögel, Flughunde sowie einige Fledermäuse suchen sich Schlafbäume; Stare sammeln sich in riesigen Scharen, wie Menschenmassen im Fußballstadion halten sie sich durch Körperwärme warm, auch wenn sie sich nicht berühren. Nur wenige Vögel schlafen im Nest.
Schmetterlinge (S. 173) gehören zu den Insekten und sind in mehr als 100000 Arten auf der ganzen Erde zu finden. Sie haben vier gleichartige Flügel, die dachziegelförmig mit Schuppen bekleidet sind und oft in vielfältigen Mustern und leuchtenden Farben prangen. Es gibt winzige wie die Zwergmotten, kaum 2 mm groß; der tropische Eulenfalter hingegen erreicht eine Spannweite von 32 cm. Viele Schmetterlinge können im Flug große Strecken zurücklegen. Mit dem Saugrüssel nimmt der Schmetterling Blütensaft und Wasser auf. Dabei bleiben auch Pollenkörper hängen. So trägt er zur Befruchtung der Blüten bei. Das Insekt macht eine vollständige Verwandlung durch: aus den Eiern, die in Häufchen an den Blättern abgelegt werden, entwickeln sich die Raupen, die bei bestimmten Arten die Pflanzen kahlfressen und als Schädlinge bekämpft werden. Nach mehreren Häutungen spinnen sich die Raupen an einem geschützten Ort in einen Kokon ein: sie verpuppen sich. Aus der Puppe schlüpft dann der Schmetterling. Diese Entwicklung dauert etwa ein Jahr, während der Schmetterling selbst in der Regel nur wenige Wochen zu leben hat. Man unterscheidet hauptsächlich zwischen Tagfaltern und Nachtfaltern; diese Unterscheidung gilt aber nur grob, denn die Schmetterlinge halten sich nicht unbedingt an diese Einteilung.
Zitronenfalter, ein bis zu 5,5 cm großer, häufiger Tagschmetterling aus der Familie der Weißlinge, die Raupe findet man im Mai/Juni auf Kreuzdorn und Faulbaum – *Schwarzgefleckter Blauling*, auch Randpunkt genannt, ein Tagfalter, im Juni/Juli auf Waldwiesen und im Gebirge zu sehen – *Admiral*, ein Tagfalter, der in den Monaten Mai bis August fliegt, die Raupe findet sich einzeln an Brennnesseln und Disteln – *Großer Kohlweißling*, ein etwa 6 cm spannender Tagfalter – *Totenkopf*, ein überwiegend südeuropäischer Tagfalter von ca. 12 cm Spannweite, der zum Honigraub in Bienenstöcke eindringt, die grünliche Raupe lebt am Kartoffelkraut und am Stechapfel, die Puppe ist in der Erde eingesponnen; kommt in Mitteleuropa selten vor – *Feuervögelchen*, ein Falter, der in Mitteleuropa weit verbreitet ist, die Raupe kann man im April/Mai sowie Juli/August an Ampfer und Goldrute sehen – *Nachtpfauenauge*, ein großer Nachtfalter mit prächtiger Zeichnung, besonders in den Tropen kommen seine rund 900 Arten vor, von denen einige Seide spinnen – *Aurorafalter*, ein heimischer Tagschmetterling aus der Familie der Weißlinge, die Raupe trifft man vor allem auf dem Wiesenschaumkraut und an Kressenarten, die Puppe hat kahnförmige Gestalt – *Tagpfauenauge*, ein Tagfalter von ca. 6 cm Spannweite, die Raupe lebt gesellig an Brennnesseln und Hopfen – *Taubenschwanz*, ein sogenannter Schwärmer, der stoßweise im Sonnenschein fliegt und, schwebend in der Luft stehend, an Trichterblüten saugt – *Ordensband*, ein eulenartiger bis zu 10 cm spannender Nachtschmetterling mit grauen Vorderflügeln und blau, rot oder gelb gefärbten Hinterflügeln mit schwarzen Bändern – *Schwalbenschwanz* mit Raupe und Puppe, ein großer Tagschmetterling in Europa und Asien, die grüne Raupe hat rote Punkte in den schwarzen Querbändern, sie bevorzugt Fenchel, Möhre, Petersilie.
Singvögel (S. 180/181) oder Sperlingsvögel nennt man solche Vogelarten, die in ihrem unteren Kehlkopf 4-8 Paar Singmuskeln haben und dadurch befähigt sind, abwechslungsreich und klangvoll zu singen. Etwa 4000 Arten rechnet man zu dieser Ordnung, zu der die herrlich singende Nachtigall, aber auch der zwitschernde Spatz und die schimpfende Krähe gehören.
Singvögel vertilgen Insekten, Raupen und Larven und sind daher nützlich. Je nach ihren Lebensgewohnheiten ist ihr Schnabel verschieden gestaltet: Insektenfresser wie die Drossel haben einen Pfriemenschnabel, Körnerfresser wie der Fink haben einen Kegelschnabel, fliegende Jäger wie die Schwalbe einen Spaltschnabel, Allesfresser wie der Star einen Großschnabel. Singvögel sind meist farbenfroh gefiedert, fliegen schnell und gewandt, die Jungen sind Nesthocker mit einem meist grell gefärbten Rachen.
Die *Amsel* (Schwarzdrossel) ist ursprünglich ein scheuer Waldvogel, heute nistet sie gern im Gebüsch von Stadt-

randgärten. Das Männchen ist schwarz mit gelbem Schnabel und Augenring und flötet schön und laut, das Weibchen ist einfarbig dunkelbraun. Amseln leben von Würmern, Schnecken, Insekten und reifem Obst.
Die *Bachstelze* gehört ebenfalls zu den Singvögeln. Es sind zierliche, schlanke Vögel, die im Sommer mit Vorliebe am Wasser leben und nisten; im Winter ziehen sie nach Afrika. Auffallend ist der lange Schwanz, mit dem sie unablässig wippen.
Der *Buchfink* aus der Familie der Finken ist zu erkennen an den doppelten hellen Streifen auf den Flügeln und hellen Schwanzkanten. Das olivbraune Weibchen ähnelt dem Sperling. Der Flug der Buchfinken ist wellenförmig. Ihre Heimat ist nicht nur Europa, sondern auch Westasien und Nordafrika.
Zu den *Drosseln* gehören weltweit mehr als 300 verschiedene Singvögel. Sie sind meist ziemlich langbeinig, die Augen sind groß, der Schwanz ist gestutzt, die Jungen sind gefleckt. Die Singdrossel mit heller Kehle und hellem Bauch ist ein Zugvogel. Unsere Amsel, die Schwarzdrossel, bleibt dagegen im Winter meist im Lande. Den schönen Gesang des Amselmännchens im Frühjahr hat wohl jeder schon gehört. In manchen Gegenden werden Drosseln wegen ihres Fleisches gefangen, in Deutschland sind Drosselfang und Drosselhandel verboten.
Der blau-grün-braun gefiederte *Eisvogel* ist dem Kuckuck verwandt; sein Schnabel ist lang, Flügel und Schwanz sind kurz. Er lebt in Europa und Westasien vor allem an Gebirgsbächen. Stundenlang kann er auf überhängenden Zweigen am Bachufer auf kleine Fische lauern, die er stoßtauchend fängt. Sein Nest ist eine röhrenförmige Höhle, die er ins Steilufer gräbt.
Die *Kohlmeise* ist die größte und bei uns häufigste Meise. Alle Meisen sind kecke, gut kletternde Singvögel, die ihre Nester in Höhlen, Mauerlöchern und auch Briefkästen anlegen; als Insektenvertilger sind sie alle sehr nützlich. Die Kohlmeise ist an Kopf und am Bauch schwarzblau und gelb, am Rücken graugrün. Im Winter sucht sie gern in Häusernähe ihr Futter.
Von den *Lerchen* kennt man etwa 75 verschiedenen Arten auf der ganzen Erde; die meisten leben in Afrika. Sie sind meist erdfarben mit geradem Schnabel und breiten Flügeln, nisten am Boden, baden im Staub und vereinigen sich im Herbst in großen Scharen zum Flug in den Süden. Die Feldlerche steigt singend und flatternd fast senkrecht empor und lässt sich mit eingezogenen Flügeln herabstürzen. Sie ist an der Oberseite braun und stark schwärzlich gestreift, die weißen Schwanzfedern sind bräunlich gesäumt.
Die *Schwalben* sind schlanke Vögel mit langen Flügeln, gegabeltem Schwanz und kurzen Beinen. Sie fliegen vorzüglich und erhaschen pfeilschnell ihre Beute im Flug mit dem kurzen, gespaltenen Schnabel. Die blauschwarze Rauchschwalbe baut im Innern von Häusern oder Ställen ein offenes Nest aus Erdklümpchen und Strohhalmen. Von Oktober bis März überwintert sie in Nordafrika. Die Mehlschwalbe baut ein napfförmiges Nest an Dächern oder Felswänden.
Das *Rotkehlchen* ist ein einheimischer, zutraulicher Singvogel mit angenehmer Stimme. Er hat gelbrote Stirn, Kehle und Brust, nistet in Wäldern und Gärten auf dem Boden oder in Baumstrünken und lebt von Insekten, Schnecken, Würmern und Beeren.
Der *Sperling*, gewöhnlich Spatz genannt, ist ein kleiner, unansehnlicher, beherzter Vogel mit kegelförmigem Schnabel; er gehört zu den Webervögeln. Er nistet in Baumhöhlen oder Mauerlöchern, frisst vorwiegend Körner, füttert aber die Jungen mit Insekten.
Der *Star*, graubraun bis schwarz gefärbt und bunt schillernd, mit langem gelbem Schnabel, frisst Insekten und Beeren, fällt er auch im Herbst in Scharen in Obst- und Weingärten ein. Die Stare aus Nordeuropa überwintern in England, sonst in Nordafrika. Als Käfigvogel wird er zahm und lernt leicht Stimmen nachahmen.
Der *Stieglitz* (Distelfink) ist ein Finkenvogel mit auffällig schwarz-gelben Flügeln und schwarz-weiß-rotem Kopf. Er klettert geschickt und frisst Insekten und Samen, wie etwa im Herbst und Winter die Samen von Disteln.
Der *Teichrohrsänger*, ein bräunlicher, auffallend schlanker Vogel, gehört wie alle Rohrsänger zu den Grasmückenvögeln. Er lebt an Bächen und Flüssen und flicht sich im Schilf und Ufergras ein äußerst kunstvolles Nest.
Der *Zaunkönig* ist ein kleiner, lebhafter Singvogel mit kurzem, nach oben gerichtetem Schwanz. Er singt das ganze Jahr über, baut für die Eier ein großes, kugeliges Nest und zum Übernachten weitere Spielnester. Ihm gelingt es, auch im Winter genug Insekten und Spinnen aufzustöbern; daher bleibt er immer bei uns.

Spiel (S. 36/37) Spielen ist schön! Vielleicht deshalb, weil wir es nicht müssen, sondern weil wir spielen dürfen. Spielerisch lernen Kinder sich selbst kennen, bewegen Hand und Fuß, hantieren mit Spielzeug und entwickeln dabei Fantasie und Willenskraft. Eine wichtige Übung zum Zusammenleben ist das gemeinsame Spiel mit andern und nach Regeln. Auch Tiere spielen gern, vor allem Säugetiere. Im Sport kennen wir Kampfspiele, die, wie Fußball oder Tennis, nach bestimmten Regeln ablaufen; Spiele zur Unterhaltung sind Brettspiele (Mensch ärgere dich nicht), kooperative Spiele oder Kartenspiele (Schwarzer Peter). Die weit verbreiteten Spielautomaten sind gefährlich, weil sie zur Spielsucht, einer Krankheit, verleiten; ihr fielen auch schon früher Menschen beim Kartenspiel um Geld oder beim Glücksspiel zum Opfer.

Sport (S. 30/31) nennen wir Leibesübungen, bei denen messbare Leistungen im Vordergrund stehen; daher sind für den Sportler Höchstleistungen, Wettkampf und Erfolg wichtig. Doch kann man Sport auch allein und zum Vergnügen betreiben. Einige Sportarten nennt man Grundsportarten: Leichtathletik (Gehen, Laufen, Springen, Werfen, Stoßen), Turnen oder Schwimmen. Zum Ballsport gehört Fußball, Handball, Tennis oder Rugby. Boxen, Fechten, Judo oder Ringen werden als Kampfsport bezeichnet; solcher Zweikampfsport unterscheidet sich vom Mannschaftssport, bei dem es sehr auf Zusammenspiel und Gemeinschaftsgeist ankommt. Wer Sport aus Liebhaberei treibt, ist *Amateur*; im Unterschied zum *Profi*, für den Sport Beruf ist, mit dem er – wie einzelne Fußballer, Tennisspieler oder Rennfahrer – viel Geld verdienen kann.

Stadt (S. 8/9, 14/15, 16/17) nennen wir eine größere Siedlung, wo Menschen wohnen, arbeiten und zusammen sein können.
Die Urzeitmenschen siedelten nicht an einem festen Platz, sondern zogen auf der Suche nach Nahrung als Jäger und Sammler umher: sie waren Nomaden. Erst als die Menschen Ackerbau und Viehzucht lernten, Werkzeuge herstellten und Handel trieben, wurden sie sesshaft. Die ersten großen Städte entstanden in Kleinasien, Ägypten, Indien und China; in Rom lebten zur Zeit von Christi Ge-

burt 400000 Menschen, hundert Jahre später dreimal so viel. Städte schützten sich vor allem durch Mauern. In Kriegszeiten wurden die Tore geschlossen, Soldaten besetzten die Wehrgänge um Feinde abzuwehren. Im Mittelalter wohnten außerhalb der Mauern nur Andersgläubige, Trinker, Schuldner und Menschen mit ansteckenden Krankheiten. Erst seit etwa hundert Jahren ziehen Vornehme und Reiche nach draußen, um sich vom gewöhnlichen Volk und von Lärm und Schmutz zu entfernen. In Mitteleuropa leben heute fast drei Viertel der Bevölkerung in Städten; sie brauchen Wohnungen, Wasser, Strom, Straßen, Schulen; Abfälle müssen beseitigt, Straßenbahnen und Busse eingerichtet, Kranke müssen gepflegt werden. In der Stadt kann man einkaufen und ins Theater gehen; auf großen Sportplätzen kann man sich unterhalten lassen oder im Studio an einer Fernsehsendung teilnehmen. Kirchen laden die Menschen ein: dass sie hereinkommen, beten oder einfach nur an Gott denken. Unvorstellbar viele Menschen leben heute in unvorstellbar großen Städten: im Gebiet von Tokio (Japan) oder Buenos Aires (Argentinien) drängen sich zwischen 10 und 30 Millionen Einwohner zusammen. In Entwicklungsländern fristen an den Stadträndern oder auf Gehwegen die Ärmsten der Armen ihr Leben kümmerlich. Die großen Städte werden überall in der Welt jeden Tag größer, doch die Nachteile wachsen mit: gibt es Wohnungen, die man bezahlen kann? Wie komme ich schnell und sicher zur Arbeit, zur Schule, zum Einkaufen? Wo bleiben Bäume und Spielplätze? Was schützt vor Lärm und Verschmutzung? Kann es da gelingen, Seuchen und Verbrechen zu verhindern?

Steinkohlezeit oder Karbon (S. 80/81) nennen wir einen Abschnitt der Erdgeschichte vor mehr als 300 Millionen Jahren, wo sich die Kohle bildete. Zunächst versanken in weiten Sumpfgebieten tote Pflanzenteile, Baumstämme, Wurzeln, Blätter und Samen im moorigen Wasser. Daraus entwickelte sich zunächst Torf und dann unter starkem Druck, in großer Tiefe und bei hohen Temperaturen die Kohle: damals entstanden rund 70% der bekannten Kohlevorräte. Die älteste Steinkohle ist das Anthrazit, es entwickelt die größte Heizkraft und brennt fast ohne Flamme.

Steppe (S. 152/153) Steppen sind Gebiete, die im Sommer trocken und im Winter kalt sind; Tier- und Pflanzenleben ist nur vermindert möglich. Es wachsen hohe, harte Gräser, die mit wenig Wasser auskommen, ferner Krautpflanzen und verholzte, niedere Stauden. In Nordamerika heißt die Steppe Prärie, in Südamerika Pampa oder Chaco, versteppte Gebiete gibt es auch in Südrussland, China und der Mongolei; europäisches Steppengebiet ist die ungarische Puszta. Die größten Steppen liegen in Afrika: die Savannen. Nur an Wasserläufen findet man dort Bäume, darunter den Affenbrotbaum (Baobab); er gehört mit seiner riesigen Krone und dem säulen- oder flaschenförmigen Stamm, der viel Wasser speichert, zu den mächtigsten Bäumen der Erde. Hier finden wir Großwildarten wie Elefanten, Nashörner oder Giraffen; Kamele, Yaks, Ziegen und Schafe leben in den kalten Steppen Asiens. Gefürchtete Steppenbewohner sind die Wanderheuschrecken; sie können sich plötzlich massenhaft vermehren und fressen dann in Zügen mit Milliarden von Tieren alles kahl.

Südfrüchte (S. 102/103) heißt die Sammelbezeichnung für jenes Obst, das aus dem Mittelmeergebiet, wie auch aus Afrika, Mittelamerika und anderen tropischen Ländern zu uns gebracht wird.
Die *Ananas*. Sie stammt aus Südamerika und wird heute insbesondere auf Hawaii das ganze Jahr über geerntet. In der Mitte eines Kranzes von langen, spitzen Blättern entspringt ein 30 cm langer Blütenstand, aus dem sich die süße, ovale, manchmal 3,5 kg schwere Furcht entwickelt.
Die *Orange* (Apfelsine). Sie ist die goldgelbe Frucht des 6-12 m hohen Apfelsinenbaums mit ledrigen Blättern und weißen Blüten. Apfelsinen gehören zu den uralten Zitrusfrüchten, deren Stammländer vermutlich China und Südostasien sind. Europa bezieht seine Orangen vor allem aus Italien, Spanien und Israel.
Die *Melone*. Sie ist eine große, sehr saftige, süß-herbe, runde bis ovale Frucht (Beere), die einige Pfund schwer werden kann. Sie wächst wie der Kürbis an rankenden, einjährigen Pflanzen und stammt aus tropischen Gegenden Afrikas und Südasiens.
Die *Banane* ist eine gelbe, wie die Gurke leicht gebogene Frucht und wächst an der Bananenstaude, die etwa 10 m hoch wird und riesige Blätter hat. An einer solchen Staude können sich bis zu 150 Früchte in großen Trauben entwickeln. Die Pflanze gedeiht nur in feuchtheißen Gebieten wie Westindien, Mittel- und Südamerika, Kanarische Inseln. Bei uns kennt man Bananen erst seit Anfang dieses Jahrhunderts.
Die *Grapefruit*. Sie ist eine kleinere Art der Pampelmuse und gehört wie die Apfelsine zu den Zitrusfrüchten. Eine einzige Frucht kann 500 g schwer werden. Sie schmeckt süßsauer und ist zum Entsaften beliebt. Vor allem in Westindien und im Südteil der Vereinigten Staaten wird die Grapefruit angepflanzt.
Die *Zitrone*. Sie reift am Zitronenbaum oder -strauch, der das ganze Jahr über in allen heißen Ländern blüht. Die saftigen, sauren, gesunden, meist gelben Beerenfrüchte verwendet man als Gewürz zum Kochen, für Salate und vor allem für die Herstellung von Säften.
Die *Dattel* ist die pflaumengroße, beerenartige Frucht der Dattelpalme. Sie ist eine uralte Kulturpflanze, die längs der Wüsten quer durch Afrika bis nach Indien anzutreffen ist. Ihre Wurzeln dringen tief in den Boden ein, aus dem dicken Säulenstamm wächst der üppige Schopf gefiederter Blätter. Der Baum trägt, wenn er 7 Jahre alt ist, zum ersten Mal Früchte, von einer 20-jährigen Dattelpalme kann man jährlich 300 kg Datteln ernten. Die Bäume können 100 Jahre alt werden.
Die *Feige*. Sie ist der Fruchtstand des Feigenbaumes, eines Maulbeergewächses, das rings um das Mittelmeer gedeiht. Der Fruchtstand entwickelt sich aus einem etwas in die Blütenachse hineinversenkten Blütenstand, nachdem eine kleine Gallwespe Blütenstaub von einer ungenießbaren Wildfeige (Ziegenfeige) gebracht hat.

Tarnung und Täuschung (S. 190/191) Der Überlebenskampf im Tierreich ist hart. Einige Tierarten haben dafür erstaunliche Fähigkeiten und Eigenschaften entwickelt: sie können sich überraschend gut tarnen oder ihre Feinde mit Tricks täuschen. Tarnung findet sich besonders bei schwachen, kleinen und wehrlosen Arten; bei Weibchen, wenn diese für die Nachkommen sorgen müssen; bei Jungtieren, denen noch die Erfahrung fehlt, und bei nachtaktiven Tieren, die gefährdet sind, wenn sie tagsüber ruhen.
Tarnung bedeutet, dass sich ein Tier in Farbe und Form seiner Umgebung angleicht und dadurch gewissermaßen

unsichtbar macht. Manche Tiere graben sich ein, um sich vor Verfolgern zu schützen, oder lassen sich einschneien; Tintenfische stoßen dunklen Farbstoff aus und verschwinden in diesem Nebel. Wieder andere Tiere können von einem Augenblick zum andern ihr Aussehen verändern, je nachdem, wo sie gerade sind; am bekanntesten dafür ist das Chamäleon.

Manche Schmetterlinge täuschen ihre Feinde mit der Botschaft: Vorsicht, ich bin gefährlich. Das Pfauenauge faltet beim Ausruhen die Flügel zusammen und ist dann kaum zu erkennen. Naht ein Feind, so klappen diese Schmetterlinge die Flügel schnell auf: auf der Oberseite erscheinen dann große runde Augen, die einen riesigen Gegner vortäuschen. Fressfeinde werden dadurch verwirrt: diesen Augenblick nutzt das Pfauenauge zur Flucht. So gibt es noch viele andere Beispiele. Sie sind das Ergebnis einer langen Entwicklung (Evolution). In Millionen von Jahren hat die Natur eine starke Auslese getroffen, die gelungensten Masken haben überlebt.

Tee, Kaffee, Kakao (S. 104) sind Genussmittel: so nennen wir Lebensmittel, die wenig oder keinen Nährwert haben, bestimmte Tätigkeiten des Körpers aber anregen. Tee soll insbesondere das Denken fördern, aber auch die Herztätigkeit, doch kann zu viel Tee (oder auch Kaffee) Schlaflosigkeit verursachen. Tee wird vor allem in China, Japan, Indien, Ceylon und Brasilien angebaut. Kaffee ist vor allem im tropischen Afrika und Asien heimisch. Das anregende Getränk wird aus gerösteten und gemahlenen Bohnen hergestellt. Kakao stammt ursprünglich aus Mexiko und wird heute in vielen tropischen Ländern angebaut; mit Zucker und Milch entsteht daraus Schokolade zum Trinken oder zum Knabbern. – Neben den Genussmitteln kennen wir Genussgifte wie Opium, Kokain, Haschisch und andere. Sie vermitteln zunächst ein unwahrscheinliches Glücksgefühl, doch braucht man dafür mit der Zeit immer größere Mengen und die machen den Körper krank, zerstören ihn sogar. Daher sind sie gefährlich. Das gilt allerdings auch für Alkohol (Wein, Schnaps) oder Nikotin (Zigaretten).

Teich (S. 170/171) Der Teich ist ein kleiner See mit stehendem Wasser und ein anschauliches Beispiel dafür, wie überall auf der Erde Pflanzen und Tiere in einer Lebensgemeinschaft aufeinander abgestimmt und angewiesen sind; dieses Gleichgewicht wird allerdings von den Menschen oft zerstört. Hier am Teich sieht man den gemeinsamen Lebensraum von fliegenden und schwimmenden Insekten; Lurche, Muscheln und Schnecken im Wasser; dazu verschiedene Wasserpflanzen.

Die *Eintagsfliege* gehört zu den Geradflüglern. Als erwachsenes Fluginsekt hat sie keinen Darm und keine Mundwerkzeuge, so dass sie sich nicht ernähren kann. Nach der Eiablage hat sie nur wenige Stunden zu leben. Die Larven der Eintagsfliege verbergen sich 2-3 Jahre lang im Wasser unter Steinen und sind für die Fische eine wichtige Nahrung.

Die *Köcherfliege*. Sie ähnelt den Motten, ihre Flügel sind aber behaart oder beschuppt. Die Larven leben im Wasser. Sie umkleiden ihren Körper mit einem Köcher aus Steinchen, Schneckenschalen oder Pflanzenteilen.

Die *Libelle*. Libellen gehören einer Ordnung der Insekten an, die etwa 4500 Arten umfasst. Sie sind meist 2–10 cm groß, haben einen langen, metallisch glänzenden Hinterleib und vier große Flügel, die glashell und netzartig geädert sind. Jedes der beiden Flügelpaare kann unabhängig von dem anderen schlagen: dann bleibt die Libelle in der Luft „stehen". An Teichen, Wassergräben und Bächen jagen sie schnell fliegend andere Insekten. Die flügellosen Larven leben im Wasser und sind gefräßige Räuber. Hierzu gehören die Schönjungfer, die Schlankjungfer, die Teufelsnadel, die Plattbauchlibelle, die Königslibelle und viele andere.

Die *Wanzen* sind Insekten mit platt gedrücktem, eckigem Körper und gut ausgebildeten Mundwerkzeugen zum Stechen und Saugen; von daher kommt ihr anderer Name: Schnabelkerfe. Die halb hornigen Vorderflügel sind oft bunt gefärbt. Es gibt die Landwanzen, die Pflanzensäfte saugen; die Wasserwanzen, die andere Insekten erlegen; die Bettwanzen, die widerlich riechen und nachts über schlafende Menschen herfallen, und viele andere: auf der Erde rund 3500 Arten. Zu den Wasserwanzen gehören: die 1,3 cm lange grünlich braune *Schwimmwanze*, deren Mittel- und Hinterbeine zum Schwimmen eingerichtet sind und deren Stich empfindlich schmerzt; der *Wasserläufer*, der an der Oberfläche von ruhigen Gewässern blitzschnell hin und her huscht und in der Regel keine Flügel hat; der *Wasserskorpion*, der stehendes Gewässer liebt und am Hinterleibsende eine lange Atemröhre hat; der *Rückenschwimmer*, auch Wasserbiene genannt, ein lebhafter Räuber, der über einen giftlosen Stechrüssel verfügt und mit der dunkleren Bauchseite nach oben schwimmt.

Die *Wasserspinne*. Sie lebt unter Wasser und baut hier zwischen den Pflanzen ein glockenförmiges Nest, in welchem sie Luft speichert. Von diesem Nest gehen Warnfäden aus, und diese melden nahende Beute. Der Körper der Spinne selbst ist von einer silberglänzenden Luftschicht umgeben.

Der *Kolbenwasserkäfer*. Er ist recht groß (5 cm) und schwarz, und er lebt in Teichen vorwiegend von verendeten Tieren und von Wasserpflanzen. Die noch etwas größeren Larven fressen Kleintiere, besonders Schnecken. In Deutschland ist der Käfer selten geworden und steht deshalb unter Naturschutz.

Der *Frosch*. Er hat eine glatte, zähschleimige Haut, lange Sprungbeine und zwischen den Zehen Schwimmhäute. Das Männchen des Wasserfroschs verfügt über zwei große Schallblasen und kann dadurch in den Sommernächten sehr laut quaken. Die Froscheier heißen Laich, das die Weibchen im Wasser ablegen. Daraus entstehen die Larven, die ausgeschlüpft Kaulquappen heißen. An diesen entwickeln sich erst nach und nach Kiemen, Ruderschwanz, Hinterbeine, Vorderbeine und Lunge. Schließlich schrumpft der Schwanz ein: aus der Kaulquappe ist ein Frosch geworden. Der größte Frosch ist der Ochsenfrosch in Nordamerika, der 25 cm groß werden und wie ein Ochse brüllen kann.

Der *Molch* gehört ebenso wie der Frosch zu den *Lurchen*. Molche haben einen eidechsenartigen Körper, zweizehige Vorderfüße, fünfzehige Hinterfüße und einen langen Schwanz. Der Teichmolch ist gelbbraun und den Salamandern nah verwandt.

Wasserpflanzen. Es gibt viele Gewächse, die sich dem Leben am Wasser und im Wasser angepasst haben. Hierzu gehören ganz untergetauchte wie auch schwimmende Wasserpflanzen und es gibt außerdem Pflanzen, die teils im Wasser, teils am Lande wachsen. Alle haben sie dünne und zarte Organe und große Blätter, um Gase und Salze aufzunehmen.

Das *Laichkraut* ist eine schmutzig grüne, untergetauchte

Süßwasserpflanze, die man auf der ganzen Erde findet. Einige Arten haben auch Blätter, die an der Wasseroberfläche schwimmen, und darüber erheben sich die Blütenähren. In ruhigen Seebuchten bildet das Laichkraut oft undurchdringliche Unterwasserdickichte: hier legen die Fische gern ihre Eier ab, das Laich.
Die *Seerose* ist eine Wasserpflanze mit großen Schwimmblättern und Blüten, die über das Wasser hinausragen.
Die *Teichrose* mit den dottergelben Blüten gehört zu den ältesten Pflanzen auf der Erde. Das *raue Hornblatt* ist eine steife Wasserpflanze mit geschlitzten Blättern. Sie hat keine Wurzeln und treibt, reich verzweigt und verästelt, in einer Ausdehnung von etwa 2 m in stillen Gewässern unter Wasser. Die Pflanze ist auch für Aquarien beliebt.
Die *Wasserpest* ist eine dunkelgrüne Pflanze mit oft stark verzweigten Stängeln, die erst in der Mitte des letzten Jahrhunderts aus Amerika nach Europa kam. Sie vermehrte sich ungeheuer und wurde dadurch sehr lästig. Sie wird als Dung und als Viehfutter verwendet und eignet sich auch als Unterwasserpflanze für ein Aquarium.
Das *Schilf*, auch Teichrohr genannt, ist ein Gras, dessen Halme 8 m hoch werden können und das am liebsten zur Hälfte im Wasser oder im Sumpf steht. Junge grüne Triebe können als Viehfutter verwendet werden, die ausgewachsenen hohlen Stängel des Röhrichts dienen als Baumaterial oder werden zu Matten, Rohrstühlen oder Ähnlichem verarbeitet.

Theater (S. 38/39) Das Wort meint zweierlei: das Spiel, das aufgeführt und von vielen gleichzeitig angeschaut werden kann; zum andern den Raum, wo das stattfindet. Jeder spielt gern Theater, möchte in eine andere Haut schlüpfen, etwas anderes darstellen, etwas nachahmen, sich verkleiden, sich verwandeln. Schauspieler sind dafür besonders begabt und lernen es als Beruf; außerdem brauchen sie eine starke Stimme und ein gutes Gedächtnis.
In früheren Zeiten bei den Griechen und Römern wurde im Freien Theater gespielt; dort war das Wetter auch besser. Vor dem Theaterhaus war die Spielfläche, die Bühne; die Zuschauer saßen auf großen Treppen aus Stein, die im Halbkreis nach oben anstiegen. In einem solchen Amphitheater fanden bei den Römern auch sportliche Wettkämpfe statt; bei den Zuschauern sehr beliebt waren Wettkämpfe, wo besonders ausgebildete Männer (Gladiatoren) gegen wilde Tiere oder gegeneinander kämpfen mussten: da ging es um Leben oder Tod.
Im 17. Jahrhundert begann man in Europa in den Hauptstädten der Fürsten und Könige feste Gebäude für Theateraufführungen zu errichten. Auf Bühnenbilder wurde die Umgebung gemalt und seither wurden die technischen Einrichtungen immer täuschender mit Geräuschen, Lichteffekten, ja sogar eingebauten Rollschuhbahnen.
Theater aller Art liefert heute das Fernsehen über den Bildschirm, auch Filme wie das „Dschungelbuch" mit Mowgli sind Theater: nämlich ausgedacht und so in Bilder gebracht, dass es den Zuschauern gefällt. Trotzdem macht es auch viel Spaß selbst zu spielen: versucht es doch einmal mit Kasperl-Figuren und mit einem Kasperl-Stück!

Tundra (S. 158/159) Die Tier- und Pflanzenwelt der Erde unterscheidet sich in den verschiedenen Gebieten erheblich voneinander. Die nördlichen Landgebiete, die an das Eismeer angrenzen, nennt man Tundra. Hier ist es das ganze Jahr über so kalt, dass der Boden auch im Sommer nur oberflächlich auftaut; dann kommen einige Pflanzen zum Vorschein: Gräser, Zwergsträucher, Flechten und Moose. Am Südrand der Tundragebiete wachsen verkrüppelte Zwergbäume und Sträucher wie Weiden, Birken, Wacholder. Von den Tieren können nur jene hier leben, die sich ganz auf die karge Natur eingestellt haben: Rentiere oder kleine Nagetiere wie die Lemminge, dazu Raubtiere wie Eisfuchs und Eisbär. Im kurzen arktischen Sommer nisten hier zahlreiche Vogelarten. Eine vergleichbare Pflanzengesellschaft finden wir im Gebirge knapp unterhalb der Schneegrenze. Tundragebiete erstrecken sich im Norden Kanadas sowie in Nordsibirien. Hier liegen noch große Bodenschätze unter der Erde, die man unter schwierigsten Bedingungen – im Winter kann die Temperatur auf 50°C unter null sinken! – künftig heben und ausnützen will.

U-Bahn (S. 54/55) Die erste elektrische Untergrundbahn wurde 1890 in London in Betrieb genommen, das modernste U-Bahn-Netz in Nordamerika eröffnete 1967 die Stadt Montreal aus Anlass der Weltausstellung; heute gibt es in den Großstädten überall auf der Welt U-Bahnen. Sie sind zwar teuer zu bauen, doch haben sie wichtige Vorteile: die Züge fahren unter der Erde in ihrer eigenen Röhre rasch und dicht hintereinander und müssen nicht einmal an Kreuzungen warten. In Weltstädten wie New York, London, Moskau oder Berlin müssen jeden Tag Millionen Menschen zur Arbeit oder zur Schule: oben auf der Straße ist an jeder Verkehrsampel Stau, doch unter der Erde in der U-Bahn kommen sie rasch ans Ziel. Andere wichtige Verkehrswege unter der Erde sind Tunnels: da können, etwa in der Schweiz, Züge und Autos unter den Alpen hindurchfahren. Und wie ein modernes Weltwunder ist der Tunnel, der unter dem Ärmelkanal seit Mai 1994 – die englische Königin war bei der Eröffnung dabei – den europäischen Kontinent mit England verbindet.

UFO (S. 206/207) Gibt es irgendwo in der unendlichen Weite des Weltraums etwa Ähnliches wie unsere Erde, einen Himmelskörper mit Tieren und Pflanzen und mit Wesen wie wir Menschen, vielleicht sogar klüger als wir? Seit Jahrzehnten werden in aller Welt Beobachtungen über unbekannte Flugobjekte (UFOs, auch *Fliegende Untertassen* genannt) gesammelt, die womöglich Kundschafter aus fernen Welten sind. Tatsächlich versicherten 15 Millionen Amerikaner, sie hätten solch ein Raumschiff gesehen, ja womöglich betreten. Doch gibt es dafür bis heute keinen Beweis. Das hat gute Gründe.
Das *Milchstraßensystem*, zu dem unsere Erde gehört, ist so groß, wie man sich das nicht vorstellen kann. Sein Durchmesser beträgt 100000 Lichtjahre. Das *Lichtjahr* ist eine Recheneinheit der Astronomen. Licht ist das Schnellste auf der Erde und im Weltall: 300000 Kilometer legt es in jeder Sekunde zurück, fast achtmal könnte es, während wir einundzwanzig sagen, die Erde umkreisen. Bis zur Sonne, die 150 Millionen Kilometer von der Erde entfernt ist, braucht das Licht etwa 8 Minuten. Das Lichtjahr bezeichnet also die Entfernung, die das Licht in einem Jahr zurücklegt: 10 Billionen Kilometer! Hunderttausend Jahre benötigt das blitzschnelle Licht, um die Milchstraße zu durchqueren. In dieser Milchstraße gibt es etwa 100 Milliarden Sterne. In den unergründlichen Tiefen des Weltraums gibt es aber noch Milliarden von anderen, ähnlichen Sternsystemen. Die fernsten Galaxien, die wir kennen, sind mehr als 10 Milliarden Lichtjahre von der Erde entfernt. Ihr Licht ging also vor 10 Milliarden Jahren auf die Reise: als es die Erde noch gar nicht gab. Das sind

Zeiten, Mengen und Entfernungen, die sich kein Mensch vorstellen kann.
Viele Sterne haben wie unsere Sonne Planeten, von denen einige bei günstiger Entfernung von ihrem „Mutterstern" auch Leben hervorbringen könnten. Doch wegen der riesigen Entfernungen im All ist nicht zu erwarten, dass uns andere intelligente Lebewesen, wenn sie es gäbe, aufspüren und besuchen werden.

Umweltschutz (S. 20/21) Erst in den letzten Jahren hat sich die Überzeugung durchgesetzt, dass der Schutz der Umwelt ganz wichtig ist, wenn die Menschen auf dieser Erde überleben wollen; und eine andere haben sie nicht. *Schutz* braucht die Luft, die wir atmen; sie muss Giftstoffe aufnehmen, die aus den Schornsteinen von Fabriken, aus den Düsen von Flugzeugen, aus dem Auspuff von Autos entweichen. Die Gifte sind nicht zu sehen, aber ihre Wirkungen: beim Sterben der Wälder oder wenn Bäume und andere Pflanzen am Straßenrand verkümmern. Das kann auch für Menschen nicht gut sein – also muss hier etwas geändert werden. *Schonung* braucht das Wasser, das wir trinken; es gibt keine Quelle, die ewig sprudelt, also dürfen wir Wasser nicht verschwenden. Außerdem muss das gebrauchte Wasser überall in der Welt geklärt, also gereinigt werden, das ist teuer, aber unumgänglich. Sonst kommt der Tag, an dem stirbt das Leben in den Bächen, Flüssen, Seen und im Meer: wenn das Wasser tot ist, gibt es kein Leben mehr. *Rücksicht* brauchen die Rohstoffe, die verarbeitet werden, die wir als ganz verschiedene Sachen kaufen und später wegwerfen: Müll. Es gibt verschiedene Wege dies zu verhindern. Abfälle von Tieren und Pflanzen, etwa Essensreste, kann man kompostieren; mit Hilfe von Kleinlebewesen werden solche Reste zu Humus verarbeitet und darin gedeihen Pflanzen. Glas, Papier, Metall und Kunststoffe kann man zerkleinern und in anderer Art erneut verwenden: Recycling heißt diese Methode. Bei Müllverbrennung bleiben nur wenige Reste übrig, allerdings braucht der heiße Ofen viel Energie und Filter müssen zuverlässig dafür sorgen, dass kein Gift in die Luft kommt. Am wichtigsten ist, dass wir daran arbeiten, Müll gar nicht erst aufkommen zu lassen: dann muss er auch nicht entsorgt werden.

Verhalten (S. 190/191, 194/195) Das Leben der Pflanzen erkennen wir an bestimmten Fähigkeiten: sie nehmen Nahrung auf, sie atmen, wachsen, sind empfindlich für bestimmte Reize und vermehren sich. Beim Leben der Tiere kommen weitere Fähigkeiten hinzu: sie können sehen, hören, riechen, tasten. Der Mensch schließlich kann außerdem noch denken, kann in voller Absicht geplante Dinge tun, kann Entscheidungen treffen, nachdem er Vorteile und Nachteile gegeneinander abgewogen hat. Auch Tiere verrichten zweckmäßige Handlungen, die wohlüberlegt aussehen. Aber das ist ihnen angeboren.
Die einfachsten Verhaltensweisen nennen wir Reflexe. Dabei antwortet auf die gleichen Reize immer das gleiche Verhalten. Reflexe sind angeboren, auch bei uns Menschen. Ein einfacher Reflex, leicht zu beobachten: berührt man den herausgestreckten Fühler einer Schnecke, so zieht sie ihn sofort ein. Ein anderer Reflex ist an der Pupille der Hauskatze zu sehen. Ihr Auge passt sich immer der Helligkeit ihrer Umgebung an. Bei strahlendem Sonnenschein verengt sich die Pupille zu einem senkrechten Schlitz, in der Dunkelheit wird sie ein großes rundes Loch. An uns selbst erleben wir als Reflex das Niesen, Husten, Stolpern.
Der Instinkt ist eine weiter entwickelte Form des Verhaltens. Er ist der angeborene Drang, auf bestimmte äußere und innere Reize mit bestimmten zweckmäßigen Handlungen zu antworten. Wenn einer Graugans beim Brüten ein Ei aus dem Nest rollt, dann holt sie es zurück, indem sie den Hals lang macht und das Ei mit dem Schnabel wieder zu sich heranrollt. Der Sinn einer solchen Handlung bleibt dem Tier selbst verborgen. Es kann den Ablauf durch seinen Willen nicht ändern. Wenn man etwa der Gans ein Ei wegnimmt, während sie es zurückrollt, so führt sie die Bewegung trotzdem zu Ende, obwohl sie inzwischen sinnlos geworden ist. Solche Versuche zeigen, dass Tiere sich auf Veränderungen nicht umstellen können. Der Instinkt gibt den Tieren ein starkes Muster, das nur wenig oder gar nicht veränderlich ist.
Die Instinkte beherrschen das Leben der Tiere, damit sie als Einzelne oder als Art überleben. Dazu gehört alles, was der Beschaffung von Nahrung dient, etwa das Aufspüren und Beschleichen von Beute oder der Bau eines Fangapparates wie beim Netz der Spinne. Der Verteidigung dient auch die drohende Haltung; Raubtiere zeigen Gebiss und Klauen, andere Tiere stellen sich einfach tot. Der Erhaltung der Art dienen alle Handlungen, die mit der Fortpflanzung zusammenhängen: also dass die Elterntiere zusammenkommen, dass sie die Eier und die ausgeschlüpften Jungen verteidigen, dass sie ein Nest bauen, brüten und die Jungen füttern. Instinkte zum Nutzen einer Gruppe von Tieren finden wir bei den Herdentieren, die sich gemeinsam einem Anführer unterordnen; die sich, wie etwa die Wölfe, bei Nacht und Nebel oder bei Angriff durch ihr Heulen untereinander verständigen; oder wo Tiere einander mit bestimmten Lauten und Bewegungen warnen oder Schreck, Wut oder die Entdeckung von Nahrung mitteilen. Die erstaunlichsten und vielfältigsten Leistungen des Instinkts können wir bei Insekten beobachten, die in Staaten zusammenleben, bei Wespen, Bienen, Ameisen oder Termiten. Säugetiere haben geringer entwickelte Instinkte, dafür aber ein mehr oder weniger großes Gedächtnis, sie können Erfahrungen machen, sie lernen etwas. Diese Fähigkeiten der Tiere hat sich der Mensch zu Nutze gemacht: bei der Dressur. Dressierte Tiere, wie sie besonders im Zirkus zu bewundern sind, haben Fähigkeiten erworben, die sie im freien Leben nie von selbst erlernen würden.

Wal (S. 162/163) Die Wale sind gewaltige Säugetiere mit einem spindelförmigen Körper, kleinen Augen und unbehaarter Haut. Die Ohrmuscheln fehlen, ebenso die Hinterfüße, die Vorderfüße haben sich zu Flossen umgewandelt. Am Schwanzende sitzt eine riesige Flosse, stark wie eine Schiffsschraube. Die Knochen sind leicht und von Tran durchtränkt. Unter der Haut befindet sich als Wärmepolster eine dicke Fettschicht. Wale atmen durch die Lunge und blasen die Luft laut und als hohe Fontäne (bis zu 8 m) aus. Manche Arten können mit dem Luftvorrat eine Stunde lang und bis zu einer Tiefe von 1300 m unter Wasser bleiben. Wale leben gern in Gesellschaft. Sie werden in zwei Unterordungen aufgeteilt: Bartenwale und Zahnwale.
Der *Blauwal*, das riesigste Tier, das je auf der Erde lebte, ist scheu, über 30 m lang und bis zu 150 t schwer; das würde dem Gewicht von 30 Elefanten oder 2000 Menschen entsprechen. Er gehört zu den Bartenwalen, die statt Zähnen in ihrem Gaumen bis zu 4 m lange, hornige, am Rand ausgefranste Platten haben, die Barten. Darin

filtern sie aus dem Wasser ihre Nahrung: Planktontierchen (Lebewesen, die dem bloßen Auge fast unsichtbar sind und von denen sie mit einem einzigen Schluck Millionen vertilgen), Nacktschnecken, winzige Krebse. Den Blauwal gibt es vor allem im nördlichen und südlichen Eismeer, aber nur noch 500-1000 Exemplare.

Der *Pottwal* gehört zu den Zahnwalen, von denen einzelne Arten 250 Zähne haben können. Sein gewaltiger, unvermittelt abgeplatteter Kopf mit dem scharfen Gebiss nimmt etwa ein Drittel der ganzen Körperlänge (25 m) ein. Der Pottwal kommt im freien Ozean, aber nicht im Eismeer vor. Er stößt eine schräge Blaswolke aus und lebt von Fischen, Tintenfischen und anderen Wassertieren.

Der *Narwal*, auch See-Einhorn genannt, wird etwa 5 m lang, ist braungelb gefärbt und lebt, am liebsten gemeinsam mit Artgenossen, in den nördlichen Meeren. Das Männchen hat ursprünglich zwei hohle, mehr als 2 m lange Stoßzähne; davon ist aber in der Regel einer verkümmert oder ausgefallen. Man hat noch nicht herausgefunden, welche Aufgabe diese Zähne haben.

Der *Delphin*, ebenfalls ein Zahnwal, ist ein überaus gewandter Schwimmer, an der Oberseite grünlich braun/grünlich schwarz schillernd, unten blendend weiß. Er wird etwa 2-3 m lang, hat eine schnabelartige Schnauze und eine große, dreieckige Rückenfinne. Der eigentliche Delphin – es gibt viele verwandte Arten – ist leicht zu zähmen und sehr gelehrig. Auf der Jagd nach Sardellen, Heringen und fliegenden Fischen durchstreift er in Gruppen alle Meere der nördlichen Erdhälfte außer dem Polarmeer und begleitet gern Schiffe.

Der *Schwertwal*, auch Butzkopf genannt, gehört zu den Delphinen und wird 5-6 m lang. Er ist ein gewandter Räuber und greift Delphine, Robben und gemeinsam mit anderen sogar den 25 m langen Grönlandwal an.

Walfänger lassen diesen großartigen Meerestieren fast keine Möglichkeiten zum Überleben: sie werden mit modernsten (Radar-)Geräten aufgespürt, mit Elektroharpunen erlegt oder mit Panzergranaten aus dem Hubschrauber beschossen. Seit 1986 gibt es einen international vereinbarten Walfangstopp, doch Länder wie Japan oder Norwegen hielten sich nicht an das Verbot. 1994 wurde das weltweite Verbot des Walfangs durch die Internationale Walfang Kommission (IWK) bestätigt und die Einrichtung eines Schutzgebietes beschlossen.

Wald (S. 138/139, 154/155) Für viele Menschen ist der Wald unheimlich. Dieses Gefühl ist vielleicht Tausende von Jahren alt. Für die Menschen war der Wald immer zum Leben notwendig, dort gab es Tiere und Pflanzen für das Essen und Holz zum Bauen und Feuermachen. Aber der Wald war auch gefährlich; wilde Tiere lauerten dort und man konnte sich wie Hänsel und Gretel verirren. Der Wald regte auch die Fantasie an; daher wohnten in den Märchen und Sagen im Wald die Räuber, die sprechenden Tiere, die Zwerge, Hexen und Riesen.

Wir leben in der *gemäßigten Zone*. Die meisten unserer Bäume, die Laubbäume, werfen im Winter ihre Blätter ab. Unsere Waldgebiete heißen daher *sommergrüner Laubwald*. Hier finden wir sehr große und sehr alte Bäume. Unsere 10 größten Bäume sind: Fichte 60 m, Lärche 54 m, Tanne 50 m, Kiefer 48 m, Eiche 40 m, Pappel 35 m, Linde 33 m, Rotbuche und Ulme 30 m, Birke 28 m. Unsere 10 ältesten Bäume sind: Eibe 3000 Jahre, Edelkastanie 2000 Jahre, Fichte 1200 Jahre, Linde 1000 Jahre, Zirbelkiefer 700 Jahre, Eiche 700 Jahre, Lärche 600 Jahre, Waldkiefer, Rotbuche, Esche 300 Jahre.

In der natürlichen Lebensgemeinschaft des Waldes sind alle aufeinander angewiesen, von den Pflanzen im Boden über die Moose, Gräser und Blumen am Boden bis zu den Wipfeln der Bäume. Der Wald regelt das Klima, filtert die Luft, speichert Wasser und sorgt dafür, dass Regen den Boden nicht davonschwemmt.

Diese *Lebensgemeinschaft Wald* ist heute empfindlich gestört. Autos und Fabriken blasen durch Auspuffrohre und Schornsteine Milliarden Tonnen von Schadstoffen in die Luft, die im *Sauren Regen* bei den Bäumen landen. Dann aber beginnt das *Waldsterben*; die Baumkronen von Fichten und Kiefern werden deutlich lichter, Nadeln färben sich gelb und braun, in der Rinde bilden sich Risse, Harz tritt am Stamm aus, Eichen und Buchen treiben später aus, verlieren ihr Laub früher, stoßen Zweige und Äste ab. Blätter werden kleiner, missgestaltet und früher abgeworfen. Mann kann durch die Baumkronen hindurchsehen. Im letzten, schlimmsten Zustand stirbt die Spitze ab, Wurzeln von Jungpflanzen verfaulen. Der Wald ist am Ende.

Die größten Waldschäden sieht man im Fichtelgebirge, im Erzgebirge und im Riesengebirge; doch in allen europäischen Ländern bis hinauf zu den Höhen der Alpen nehmen die Schäden von Jahr zu Jahr zu. Was kommt, wenn es so weitergeht, weiß niemand: können Menschen auf der Erde ohne Wald überhaupt noch leben? Vermutlich nicht. Daher ist es zunächst einmal überlebenswichtig, dass möglichst wenig gefährliche Schadstoffe in die Luft abgelassen werden; und dass junge Bäume gepflanzt werden, so viel wie möglich.

Wasser (S. 78/79) Alles, was lebt, muss Wasser haben. Es findet sich überall auf der Erde: in festem Zustand als Eis der Gletscher hoher Gebirge oder als Schnee im Winter oder in den Polargebieten; in gasförmigem Zustand als Wasserdampf (Luftfeuchtigkeit) in der Atmosphäre; in flüssigem Zustand als Meer, Fluss, See, als Grundwasser unter der Erdoberfläche sowie in allen Lebewesen. 71% der Erdoberfläche sind von Wasser, nämlich von den Weltmeeren bedeckt; die Größten sind der Pazifische (Stille), der Atlantische und der Indische Ozean. Der menschliche Körper besteht zu mehr als 70% aus Wasser. Seine größte Dichte hat das Wasser bei 4°C, wenn es wärmer und wenn es kälter wird, dehnt es sich aus. Aus diesem Grunde steigt warmes Wasser aufwärts und schwimmen Eisberge an der Oberfläche des Meeres. Das Wasser geht unablässig von einem Zustand in einen anderen über. Wenn flüssiges Wasser zu Wasserdampf verdunstet, steigt es empor und verdichtet sich in der Höhe zu feinsten Nebeltröpfchen oder es gefriert zu bizarren Eiskristallen. So bilden sich Wolken. Wenn die Luftströmung sie nicht mehr tragen kann, kommt es zu Niederschlägen: Tau, Regen, Schnee, Hagel. Diese Niederschläge können entweder gleich wieder verdunsten und emporsteigen; oder sie fließen ab und sammeln sich in Gewässern, von deren Oberfläche sie ebenfalls andauernd verdunsten; von jedem Quadratmeter Meeresoberfläche steigen in einer einzigen Stunde 1000 g Wasserdampf auf; eine große Ulme kann täglich 300 Liter Wasser an die Luft abgeben. Wasser dringt aber auch in die Erde ein. Dann beginnt eine Reise, die Jahre dauern kann. Entweder wird das Wasser von Pflanzenwurzeln angesaugt und kommt so wieder ans Tageslicht oder es sammelt sich als Grundwasser in gewaltigen unterirdischen Flüssen und Seen, aus denen es dann in Quellen hervorsprudelt oder in Brunnen durch die Menschen angezapft wird. In Gebieten ohne Wasserquellen geht man dazu über Meerwasser zu entsalzen. Dann kann man es als Trinkwasser und zur Bewässerung von Pflanzen benützen. Wasser ist kostbar. Im äußersten Notfall kann ein Mensch einen Monat lang hungern, ohne Wasser stirbt er jedoch schon nach wenigen Tagen. Die Industrie benützt Wasser als Antriebskraft, zur Gewinnung von elektrischer Energie, zur Beseitigung von Abfällen oder zur Kühlung. Das ist gefährlich für die Zukunft, wenn dadurch das Trinkwasser verseucht, das Leben der Fische bedroht oder die Umwelt verändert und zerstört wird.

Wasservögel (S. 184-187) nennen wir Vögel, deren Lebensgewohnheiten, Körperbau und Nahrungsquellen von Gewässern, von See, Fluss oder Meer bestimmt wird. *Enten* sind Zahnschnäbler, also Schwimmvögel mit einem breiten, flach nach oben gewölbten Schnabel, der seitlich mit Hornzähnen besetzt ist. In Verbindung mit der an den Rändern ausgefransten Zunge können die Tiere ihre Nahrung so am Schnabelrand durchseihen. Die Zehen der kurzen Füße sind durch Schwimmhäute verbunden. Es gibt rund 150 verschiedene Entenvögel, zu denen die Schwimmenten, die Gänse und die Schwäne gehören.

Schwimmenten sind: die *Stockente* (Wildente) – die Stammform der Hausente -, am Kopf metallisch grün schillernd und vor allem in wasserreichen, mit Schilf und Rohr bestandenen Gegenden anzutreffen. Ferner die *Mandarinente*, eine prächtige Schmuckente aus Ostasien, bei uns fast nur in Tiergehegen zu sehen, das Männchen (der Erpel) mit orangefarbenen, aufgestellten Flügelfedern, das Weibchen grau-weiß gefiedert.

Die *Gänse* wurden vor allem als Haustiere wegen ihres Fleisches gezüchtet. Männchen und Weibchen sind stets von gleicher Färbung. Die Stammform ist die *Graugans* (Wildgans). Mit dem verdickten Schnabel rupfen die Wildgänse vor allem an Land ihre Nahrung ab, zum Flug ordnen sie sich gewöhnlich in der Form eines oder vieler Keile oder sie fliegen in einer Reihe unmittelbar hintereinander.

Der *Pelikan* (Löffelgans) ist ein Wasservogel der wärmeren Länder mit langem, unförmigem Schnabel und einem weiten Hautsack am Unterkiefer. Er ist ein guter Schwimmer und Flieger. In China wurde er zum Fischfang abgerichtet.

Die *Schwäne* sind die größten Schwimmvögel. Sie leben immer paarweise zusammen, haben einen langen Hals, reiches Gefieder und einen starken Schnabel. Ihr Nest, mit Daunen (Federn) gepolstert, bauen sie an Seen und Sümpfen. Der einheimische *Höckerschwan* ist blendend weiß gefiedert; auf dem rosa Schnabel sitzt ein schwarzer Höcker. Er ist auf Flüssen und Seen weit verbreitet, denn er hat kaum natürliche Feinde. Der etwas kleinere, gedrungene *Schwarze Schwan* (Trauerschwan) lebt vor allem auf Seen und Flüssen von Südaustralien.

Eine weitere große und vielfach gegliederte Gruppe von Wasservögeln bilden die *Stelzvögel*, zu denen vor allem die Storchvögel, Reihervögel, Rallen, Strandvögel gerechnet werden. Lang sind bei Stelzvögeln Beine, Hälse und Schnäbel, sie sind gute Flieger und Läufer, bewohnen Sümpfe und Gestade, Steppen und Wüsten.

Storchvögel sind Storch, Marabu und Schuhschnabel.

Der *Storch* ist ein großer (1,10 m hoch) Vogel mit langem, geradem Schnabel und kurzem Schwanz. In Europa, England ausgenommen, gibt es vor allem den Weißen Storch, nach dem Klappern seines Schnabels auch Klapperstorch genannt. Er nährt sich von Fröschen, Schlangen und Mäusen, sein Reisignest errichtet er auf Häusern, Schornsteinen und Kirchtürmen. Er ist ein Zugvogel; den Winter verbringt er in Afrika.

Der *Marabu* ist ursprünglich ein afrikanischer Kropfstorch mit gewaltigem Schnabel und einem schlauchartigen Kropf am Unterhals. Die Flügelspannweite kann bis zu 3 m betragen. Außer Kleintieren vertilgt der Marabu auch Aas.

Die *Reihervögel* sind wie die Störche Schreitvögel, die in wasserreichen Gegenden leben und Fische fressen:

Der *Fischreiher*. Er kommt in Europa und Asien vor, hat am Hinterkopf und Unterhals längere Federn, frisst außer Fischen auch Frösche und Mäuse. Reiher nisten in größeren Gruppen (Kolonien) auf hohen Bäumen. Wenn der Reiher fliegt, legt er im Unterschied zum Storch den Hals im Bogen zurück.

Der *Flamingo*. Er lebt in Südfrankreich, aber auch an der Donaumündung, in Afrika und im südlichen Nordamerika. Seine Nahrung seiht er, den Enten ähnlich, mit dem Schnabel aus brackigen Gewässern heraus. Das Nest ist ein kegelförmiger Schlammhügel.

Der *Heilige Ibis* ist ein mittelgroßer Vogel mit gekrümmtem, biegsamen Schnabel. Am bekanntesten ist der Äthiopische Ibis mit nacktem, schwarzem Hals und weißem Gefieder. Bei den Ägyptern galt er als heiliges Tier; man glaubte, er trage die Seelen der Toten in den Himmel.

Der *Löffler* ist dem Ibis eng verwandt; auffallend ist die löffelartig verbreiterte Schnabelspitze und die buschige Federhaube. Er nistet im Röhricht und kommt in Asien, Afrika, aber auch in Holland und Südspanien vor.

Die *Rohrdommel* (Kuhreiher). Sie ist ein brauner, plumper Vogel in Mitteleuropa, lebt versteckt im Schilfdickicht und gleicht in Ruhestellung einem Pfahl. Das Nest steht auf umgeknickten Rohrstängeln, ihr brüllender Ruf erinnert an das Muhen einer Kuh.

Der *Schuhschnabel*. Er ist ein seltener, mattblauer Riesenreiher mit massigem Leib, dickem Hals, großem Kopf und einem wuchtigen Schnabel, der einem Holzschuh gleicht. Seine Heimat ist das Sumpfgebiet des Weißen Nils.

Rallenvögel sind Wasservögel in der Größe von Hühnern mit kurzen Flügeln und kurzem Schwanz, hohen Beinen und langen Zehen. Dazu gehört das Blesshuhn mit weißem Stirnschild (Blesse) und Schnabel, das überall in Europa auf Seen und langsam fließenden Gewässern vorkommt; ferner der *Kronenkranich* mit kronenartigem Federbusch; er ist heute selten geworden und findet sich in norddeutschen Sumpf- und Naturschutzgebieten.

Sumpfvögel nennt man verschiedene Vögel, die sich dem Leben in sumpfigen Gebieten vorzüglich angepasst haben, untereinander aber nicht unbedingt verwandt sind. Dazu gehören der *Kiebitz* mit der schwarzen Federhaube am Kopf, die er aufrichten kann. Junge Kiebitze sind leicht zu zähmen, die Eier gelten als wohlschmeckend. Ferner der *Regenpfeifer*, ein hochbeiniger Zugvogel mit rundem Kopf, weiß-grau-schwarz gefärbt, den es an allen europäischen Gewässern gibt.

Der schwarz und weiß gezeichnete *Säbelschnäbler* ist ein ausgesprochener Strandvogel des Mittelmeergebietes mit hohen Beinen und einem flachen, säbelförmig nach oben gebogenen Schnabel.

Steißvögel nennt man Wasservögel, die gut tauchen und

schwimmen und an Land aufrecht laufen, hingegen nur schlecht fliegen können. Hierzu gehört der *Prachttaucher* aus Nordeuropa, der im warmen Mittelmeergebiet überwintert.

Die *Möwe* ist ein kräftiger, lebhafter, geselliger Wasservogel, ein ausgezeichneter Flieger, der auch gut schwimmen kann. Die Stimme klingt kreischend. Möwen gibt es an der Meeresküste sowie an großen Flüssen und Seen. Auch an Mülldeponien suchen sie gern Futter.

Der *Albatros* ist ein großer, überwiegend weiß gefiederter Sturmvogel auf den südlichen Weltmeeren mit Hakenschnabel, kurzem Schwanz und einer Flügelspannweite von etwa 3,50 m. Ein Albatros-Weibchen legt nur alle 2 Jahre ein Ei, die Zeit der Brut und der Fütterung des Jungvogels beträgt knapp 1 Jahr.

Weltraumfahrt (S. 202-205) Die Weltraumfahrt (Astronautik) begann am 4. Oktober 1957, als es russischen Raketentechnikern gelang, erstmals einen Flugkörper (Sputnik I) in eine Kreisbahn rings um die Erde zu bringen. In 96 Minuten umkreiste er in einer Höhe von durchschnittlich 580 km die Erde, sein Gewicht betrug 83 kg.

Die Vereinigten Staaten starteten den ersten künstlichen Satelliten Explorer I am 31. Januar 1958. Am 21. Juli 1969 3.56 Uhr MEZ betraten Neil Armstrong und nach ihm Edwin Aldrin als erste Menschen den Mond. Inzwischen wird Weltraumforschung international betrieben. 1994 arbeitete der Deutsche Ulf Merbold beim Programm Euromir in einer russischen Raumstation an wissenschaftlichen Experimenten.

Die Entwicklung (erster Raketenflugplatz 1930 in Berlin-Reinickendorf) und Vervollkommnung der Raketentechnik machte es möglich, den Luftraum und den Bereich der Anziehung der Erde mit Flugkörpern zu verlassen. Die ersten Raketen waren dafür noch nicht stark und nicht groß genug; wenn sie ihre Gipfelhöhe erreicht hatten, fielen sie auf die Erde zurück und zerschellten. Deshalb ersann und erbaute man Mehrstufenraketen: die ganze Rakete ist dabei in zwei, drei und mehr Stufen (Teile) gegliedert. Eine mächtige Rakete trägt als erste Stufe alle andern Stufen in die Höhe; ist sie ausgebrannt, so wird sie abgestoßen und fällt zur Erde zurück. Der Motor der zweiten Stufe beginnt gleichzeitig zu arbeiten und erhöht die Geschwindigkeit weiter, wird dann ebenfalls getrennt, und so geht es von Stufe zu Stufe, bis die endgültige Geschwindigkeit erreicht und der Flugkörper in die vorausberechnete Bahn gebracht ist. Umkreist er die Erde, so nennt man ihn Satellit, ist sein Ziel der Mond oder ein anderer Planet, so bezeichnet man ihn als Raumsonde. In Höhen über 200 km ist die Lebensdauer eines Flugkörpers nahezu unbeschränkt, denn nichts hemmt seine gleichmäßige Bewegung. Es kommt nur darauf an, dass die an Bord befindlichen Geräte ohne Schaden arbeiten. Auf Erdkreisbahnen wurden bemannte Flüge ausgeführt, und Raumfahrer stiegen aus der Kapsel und arbeiteten frei schwebend im All.

Wüste (S. 150/151) Wüsten sind in allen Erdteilen außer in Europa zu finden. Sie entstanden dort, wo es zu wenig Wasser gab: Sandwüsten, Gesteinswüsten, Vulkanwüsten und andere Formen. Die größte Wüste, die Sahara, liegt im Norden von Afrika. In der Wüste gibt es keine Vegetation, der Boden ist ohne Pflanzen, trocken, sandig. Keine Wolke erscheint am Himmel, die Sonne brennt ungehemmt und erzeugt (im Schatten) Temperaturen von mehr als 50 Grad. Die Nächte sind dafür äußerst kalt: in der Wüste Gobi mehr als -40 Grad.

In den meisten Wüsten gibt es aber kleine feuchte Stellen, Ritzen und Spalten, wo sich Feuchtigkeit sammelt und zähe Pflanzen überleben können. Typische Wüstenpflanzen sind die Akazien: ihre lederartigen Blätter überziehen sich mit einer Wachsschicht und geben fast keine Feuchtigkeit ab; mit ihren langen Wurzeln saugt die Pflanze auch den winzigsten Wassertropfen aus dem Boden. Auch Kakteen stammen aus der Wüste: ihre Stämme sind dick, die Blätter fleischig; darin speichern sie große Wasservorräte, manchmal mehrere hundert Liter. Der Riesenkaktus der amerikanischen Wüsten kann bis zu 200 Jahre alt werden.

Einer der größten Wüstenbewohner ist das Kamel. Seine Füße sind breit und flach, damit es im weichen Sand nicht versinkt. Im Höcker speichert es Fett für magere Zeiten. Wenn ein Kamel die Möglichkeit zum Wassertrinken hat, tut es das auch: 70 Liter auf einmal kann es aufnehmen.

Auch Antilopen haben sich der Wüste angepasst. Die Dorkasgazelle kann sich monatelang mit der Feuchtigkeit der Pflanzen begnügen, die sie zum Fressen findet. Dafür muss sie aber weite Entfernungen zurücklegen: mit ihren breiten Hufen ist sie dafür gut gerüstet.

Zierfische (S. 168/169) sind ungewöhnliche Haustiere; damit man sich an ihren Farben und Formen erfreuen kann, werden sie im Aquarium gehalten. Dies ist ein mehr oder weniger großer Wasserbehälter, in der Regel aus Glas. Er soll nicht zu hoch sein sowie an einem hellen Platz und auf einer weichen Unterlage (Filz) stehen. Das Aquarium muss, auch wenn es zugedeckt ist, den freien Austausch von Kohlensäure und Sauerstoff an seiner Wasseroberfläche erlauben. Hier können kleine einheimische Tiere leben wie Elritze oder Stichling, vor allem aber Zierfische aus fernen Flüssen und Meeren.

Zirkus (S. 34/35) Ein Zirkus ist eine Welt für sich, wo die Zirkuskünstler (Artisten), Tierbändiger (Dompteure), Clowns und die zahlreichen Hilfskräfte zusammen mit den Tieren leben, arbeiten und von Ort zu Ort ziehen, um ihre Künste vor Zuschauern zu zeigen. Der Name (Circus) stammt von den Römern. Damals war der Zirkus eine Rennbahn von etwa 600 m Länge und 100 m Breite, rings umgeben von treppenförmig ansteigenden Zuschauerreihen. Hier fanden besonders unter den römischen Kaisern prächtig ausgestattete Kampfspiele, Pferderennen und Tierkämpfe statt. Heute zeigen im Zirkus die Artisten ihre Kunststücke, die ungewöhnliche Körperbeherrschung, Kraft und Geschicklichkeit verlangen. Besonders abgerichtete (dressierte) Tiere werden vom Dompteur vorgeführt. Dazwischen macht der Clown seine Späße. Die Vorführungen finden zu ebener Erde in der kreisrunden oder gestreckten Arena statt, während die Zuschauer rundum auf den emporsteigenden Bänken sitzen. Gewöhnlich führt der Zirkus außer den abgerichteten auch noch andere seltene Tiere mit, die in einer Tierschau gezeigt werden. Mit einer solchen Tierschau sowie Vorführungen zu Pferd gründete der englische Kunstreiter Bates 1767 den ersten Zirkus der Neuzeit in Paris.

Sachverzeichnis